AF329736

156

DÉPOT LEGAL

A LA MÉMOIRE DE
HENRI-EDMOND CROSS

JONGKIND

(1819-1891)

156

NUM-20/6

B⁰ M
3845

25 AVRIL
DÉPOT LÉGAL
B.N.
1932

Jongkind

[Bibliothèque Nationale library stamp]

LES ÉDITIONS
G. CRÈS & Cie

PAR PAUL SIGNAC

TABLE

1. Fiches biographiques.

2. Vision.

3. Apport.

4. Dessin.

5. Eaux-fortes.

6. Aquarelles.

I

FICHES BIOGRAPHIQUES

France
Photographie de
Jules Peisser
a Pupetière
pur Chabons
(Isère)
France
le 22 oct 1875

FICHES BIOGRAPHIQUES

Tout a été excellemment dit sur la vie de Jongkind et l'historique de ses œuvres dans l'ouvrage que M. Moreau-Nélaton lui a consacré.

Quelques notes biographiques, prises, presque toutes, dans cette précieuse documentation, suffiront donc pour situer dans son temps et son milieu ce peintre, né et élevé en Hollande, mais qui doit cependant être classé, comme il le souhaitait, parmi les peintres de l'Ecole française : son apport est le fort maillon qui doit raccorder à la chaîne de nos coloristes de Fontainebleau et de Ville-d'Avray celle de nos Impressionnistes dont il est le génial précurseur.

1819-1836 *Latrop* *Vlaardingen* *Maasluis*	*Johan Barthold* Jongkind, né le 3 juin 1819, à Latrop, province d'Over-Yssel (Hollande). Enfance à Vlaardingen. Clerc de notaire.
1837 *La Haye*	Suit les cours de l'école municipale de dessin de la Haye. Amitié et leçons du plein-airiste Schelfhout.
1838-1842 *Maasluis* *La Haye*	Tirage au sort. Peintures et aquarelles.
1843-1844 *La Haye*	Œuvres mises en loterie. Allocation royale de deux cents florins « *pour la poursuite de ses études de peinture* ».
1845 *La Haye*	Connaissance d'Eugène Isabey, délégué français à l'inauguration de la statue de Guillaume le Taciturne.
1846 *Paris*	Départ pour Paris. Domicile : place Pigalle, n° 1, au coin de la rue Pigalle. Fréquente l'atelier d'Isabey.
1847 *Paris* *Le Havre*	Domicile : impasse Cauchois (rue Lepic), n° 2. Etudie aux ateliers de Picot (figure) et d'Alex. Dupuis (méthode de dessin basée sur le relief et la gradation). Relations avec Ciceri, Alfred de Dreux (chevaux). Ch. Hoguet (marines).

Honfleur 24 / sept 1865
Jongkind

| 1848
Maasluis
Paris | Voyage en Hollande.
Salon : *Un Port de Mer.* |

1848
Maasluis
Paris

Voyage en Hollande.
Salon : *Un Port de Mer.*

1849
Paris
Normandie

Domicile : rue Neuve-Pigalle, n° 19 bis. Ponts. Eglises. Moulins de Montmartre. Paysages. Marines.

1850
Paris
Harfleur
Fécamp
Yport
St-Valery-en-Caux

Voyage en Normandie avec Isabey. Vie à Montmartre : Joséphine, Clara.
Salon : *Vue du Port de Harfleur.*

1851
Paris
Abbeville
Le Havre
Morlaix
Landerneau
Brest
Châteaulin
Douarnenez
Rouen

Domicile : place Pigalle, n° 1. Voyage avec M. et Mme Isabey : embarquement au Havre pour Morlaix ; tournée en Bretagne. A Brest, aquarelle d'après la Frégate la *Belle-Poel* (Poule) qui avait rapporté les cendres de Napoléon. Retour par Morlaix - le Havre. En décembre, au coup d'Etat, monte la garde devant le musée du Louvre.

1852
Paris

Domiciles : rue Breda, n° 21 (à côté de Ziem) ; rue Pigalle, n° 60. Misère. Alcool. Amitiés réconfortantes d'Eug. Smits et de Sano. Relations avec Willems,

Alfred Stevens, Troyon dont « les tableaux sont toujours des torraux et des vaches dans les prairies où on
aspire la bonne air ». « Chagrin de voir partir
Mathilde » pour Valparaiso et San-Francisco. « Sa
malheureuse position sur mer » l'inquiète et l'empêche
de « faire de nouvelle alliances et amitiés avec
d'autres personnages de la belle sexes ».
Vend à Beugniet (marchand) un *Clair de Lune*
« entre nous pour un prix très bas, mais qui me donnera
l'assurance que je ne mourrai pas de faim »... Vend aux
frères Gervais, de la rue Taitbout, un *Pont de la Tournelle* pour 25 francs.
Hésite pour gagner sa vie entre les clairs de lune et les
« combats navalles ».
Continue à fréquenter l'atelier de « Mons' Dupuis » ;
« cet endroit est très instructif pour moi, mais mal
sain ! Il fait là trop chaude. »
Salon : *Saint-Valery-en-Caux, soleil couchant ! Le
Tréport, effet du matin.* Succès et médaille de 3ᵉ classe.

« Les marines de maître Yonkind ne pâlissent pas à
côté des Isabey, font réfléchir Mʳ Gudin et ahurissent
M. Morel Fatio. »

(Nadar, Journal pour rire.)

Domicile : rue Breda, n° 21 (atelier). « Tout va bien,
« on m'a fait deux petites commandes ». Un tableau
110 francs, et des nouvelles de Mathilde ! Il espère se

1853
Paris
Londres

« débarbouyer », « sortir l'été avec des bottes vernis, comme un vrai gentilman » et « d'aller dans le mois d'août faire une petite voyage ».

Fréquente au « Divan » : Courbet, Stevens, Willems, hommes de lettres, artistes et critiques. Grande discussion entre Courbet (le triomphateur du Salon de 1853) et Couture. « La conversation est monté si haut que le public est resté devant la porte et que la rue était accomblé de monde. »

Voyage à Londres, « cette ville géant », invité par un ami anglais. « Porter, rosbif, enfin avec un domestique pour me faire la vie confortable. » Suppression de la pension royale. Gêne.

Salon : *Vue de Paris au bord de la Seine ; Souvenir des environs du Havre au clair de lune.*

1854
Paris
Banlieue
Pontoise

Misère. Bohème. Espoirs. « Je prends toujours du courage dans l'espoir que ça ira toujours mieux. Malheureusement, je sent toujours une malaise. Sans d'être malade je me sens abruti... je commence, je crois, à venir très vieux. Je vendrai bien probable mon paysage... Si je vends mes tableaux que j'ai aujourd'hui dans mon atelier, je serai encore sauvé. » Son ami Smits veut le marier avec une bonne ménagère belge pour le détourner d'une liaison avec une « loutte du quartier ».

« Il tire encore le diable par la queue et se fait difficilement deux cents francs par mois avec sa peinture » (Smits).

Dettes, alcool, esclandres.

Exposition universelle : *Vue de Notre-Dame de Paris, prise du quai de la Tournelle ; Vue prise du quai d'Orsay ; Lever de lune aux environs de Paris.* Succès. Bonnes critiques. Espère une récompense. « On ne m'a même pas donné une mention honorable ! rien ! »

Vexé par cette injustice, traqué par les créanciers, il s'enfuit en Hollande.

Pour payer les dettes de Paris, le « père Martin », ami et marchand de tableaux, organise une vente à l'Hôtel (11 mars).

Les peintures font de 7 à 220 francs. *Le Soir, lever de lune aux environs de Paris* (Salon de 1855), adjugé à 30 francs. 117 aquarelles et dessins atteignent 497 francs. Son ami Sano complète, et règle toutes les dettes. « Il m'a sauvé mon honneur... que je n'ai pas quitté Paris comme criminel, mais comme dupe. »

Mauvais accueil de ses compatriotes au renégat. Regrette l'absence de ses amis parisiens. Visite de Beugniet et d'autres marchands parisiens qui achètent : 100 à 150 francs la toile.

1857 *Rotterdam* *Paris* *Rotterdam*	Veut revoir « la belle France ». Part pour Paris (juillet). Dîne le 2 août avec Courbet. Cafés de Montmartre. Faiblesses. « Cè comme si je suis moralement tué. Je ne me sens pas fort visiquement. On m'a conseillé de repartir pour la Hollande le plus tôt possible. » Fuite. Retour à Rotterdam (novembre).
1858 *Rotterdam*	Travail pour Martin. Médaille d'argent à l'Exposition de Dijon.
1859 *Rotterdam*	SALON : *Paysage hollandais, effet de soleil couchant.*
1860 *Rotterdam*	Détresse physique et morale ; appel à ses amis parisiens : « à Mons' Diaz, M'' Troyon, Dupré, Rousseau, M' Dumas fils, à des nobles artistes français distingués ». Dévouement du comte Doria, de Martin, de Cals. Souscription et vente (7 avril) à son profit : 88 numéros : Bonvin (51 fr.), Bracquemond (33 fr.), Cals (125 fr.), Corot (185 fr.), Chaplin (13 fr.), Diaz (330 fr.), Harpignies (50 fr.), Isabey (98 fr.), Ch. Jacque (80 fr.), Th. Rousseau (460 fr.), Ziem (56 fr.). Total : 5.686 fr. 80 net. Cals va le chercher et le ramène, non sans difficulté, à Paris.

Domiciles : hôtel de l'Oncle Tom, rue Saint-Nicolas-d'Antin, n° 8 ; rue Saint-Nicolas-d'Antin, n° 69 ; chez Mme Fesser, rue Servandoni, n° 23.

En perdition. Le 20 février 1860 Claude Monet écrit à Eugène Boudin : « Vous savez que le seul bon peintre de marines que nous ayons, Jongkind, est mort pour l'art. Il est complètement fou. » Rencontre chez le « bon Martin » de Mme Fesser, compatriote, contemporaine et confrère. Sauvetage. Petits soins : « J'ai manger de vos confitures ; je n'ai pas voulu les manger tous, pour que j'en aurai encore quand vous viendrez.... Je pense encore au déjeuner et au bon petit dîner d'hier, si supérieure... où il y avait du vin, du café et même du cognac. » Vie de famille, promenades « J'espers alors de joué une partie de billes avec Jules

(fils de Mme Fesser). Reconnaissance, promesses : « J'ai de l'espérance et ferai mon possible, quand ma santé sera revenu, en faisant des bons et des beaux tableaux, de mérité vos bons conseilles et toutes vos bontés. » — « J'ai appris à tant vous aimer que lorsque j'ai le plaisir de vous voir, c'est pour moi comme si mon père et ma mère ensemble venaient à moi » (traduit du hollandais). Travail en commun : collaboration. « Je serai heureux quand il vous plaira de venir brosser du couleur sur mon toiles pendant que j'espers de faire des petits. »

Onze ans plus tard (4 mai 1870), Edmond de Goncourt visite Jongkind rue de Chevreuse et décrit ainsi Mme Fesser : « Pendant ce temps, tourne autour de lui, avec les caresses de la voix qu'ont les mères pour les enfants, une courte femme, aux cheveux argentés, aux moustaches drues, un ange de dévouement, ayant l'aspect d'une vivandière de la vieille garde impériale. »

1861
Paris
Nevers
Le Chantay
Saint-Parize-
le-Châtel
Rosemont

Domicile : rue de Chevreuse, n° 9. Installation à Montparnasse, par les soins de Mme Fesser. Voyage en sa compagnie en Nivernais (M. Alexandre Fesser, cuisinier chez un châtelain de la région).
Paysages. Attelages. Animaux. Ruines.
SALON : Refusé, avec Millet.

1862 *Paris* *Le Havre* *Saint-Adresse*	Premières eaux-fortes : le cahier des *Six Vues de Hollande*. Séjour au Havre avec Mme Fesser. Comptes avec Martin qui lui écrit : « Je t'ai acheté une toile de 4, *Effet de neige*, vendue encadrée 120 francs. En diminuant 28 francs de cadre et te payant tes toiles de quatre 75 francs, il reste de bénéfice 17 ou 18 francs. »
1863 *Paris* *Honfleur*	Domicile : Honfleur, rue du Puits, n° 31 Bonne influence de Mme Fesser. Travail fécond : Quais et rues de Paris, banlieue. Séjour à Honfleur : « Madame Fesser et moi nous ferons notre cuisine. » Au retour Mme Fesser s'installe définitivement rue de Chevreuse. SALON : Refusé avec Manet, Fantin, Whistler, etc. SALON DES REFUSÉS : *Effet d'hiver, Paysage hollandais avec patineurs, Canal hollandais, Soleil couchant, Ruines de Rosemont (Nivernais).*
1864 *Paris* *Rouen* *Le Havre* *Honfleur* *Villerville* *Criquebeuf* *Pont-l'Evêque*	Rupture avec Martin. Affaires avec Petit, Beugniet, Detrimont, Brame; l'amateur Théophile Bascle. Départ pour Honfleur. De Rouen au Havre sur le *Furet* (peut-être commandé par le capitaine Bambine, célébré par Stendhal et par Tristan Corbière). Série de dessins et aquarelles; les deux eaux-fortes : *Entrée du port de Honfleur, Sortie du port de Hon-*

fleur. Rencontre avec Claude Monet à Saint-Siméon. Travail en commun. Parties de dominos.

SALON : *Souvenir de la vieille Tour construite en 1580 à l'entrée du port de Rotterdam et détruite en 1860.*

Entrée du port de Honfleur (peinture), *Entrée du port de Honfleur* (eau-forte).

1865
Paris
Honfleur
Trouville
Le Havre
Etretat
Equemauville

Domicile : Honfleur, rue du Dauphin, n° 15.
Succès, commandes, amateurs et marchands : « J'ai plus de 16 tableaux de commandé. On dirait que cela devient une vraie fabrique... Je viens très connu... heureux au point de vue financiele. » Mais mauvaise santé. Séjour à Honfleur ; rencontre avec Boudin à Trouville.

Eau-forte : *La Jetée en bois dans le port de Honfleur.*
Rhumatismes. Hallucinations.
Salon : *La Route de Saint-Clair près de Honfleur,*
effet du matin ; Clair de lune sur un canal hollan-
dais près de Rotterdam.

1866
Paris
Douai
Anvers
Bruxelles
Boisfort
Anvers
Rotterdam
Overschie

Domicile : Anvers, estaminet de la Porte-Rouge,
place de la Grue. Voyage en Belgique et en Hollande.
Croquis dans les musées d'après Claude, Van de
Velde et Gudin. Dessins aquarellés. L'Escaut. Retour
à Paris. Succès. Argent. Travail : 10 toiles, du 20 octobre au 14 décembre, de 200 à 250 francs.
Salon : *Paysage normand près de Honfleur ; Sortie du*
port de Honfleur.

1867 *Paris* *Rotterdam* *Anvers*	Domicile : Rotterdam, hôtel Guilliams, sur le Groote Markt. Deuxième voyage en Hollande (août). SALON : *Canal à Overschie, effet d'hiver ; Vue de l'Escaut à Anvers, effet du matin.*
1868 *Paris* *Rotterdam*	Eglises, quais et rues de Paris. Troisième voyage en Hollande (septembre). SALON : *Vue de la rivière d'Overschie ; Patineurs sur un canal.*
1869 *Paris* *Bruxelles* *Anvers* *Bois-le-Duc* *Dordrecht* *Rotterdam*	Les prix augmentent : « Des tableaux comme je vous ai fait jusqu'à présent sont aujourd'hui de 4 à 500 francs. » Puis 7 et 800 francs. Série d'aquarelles à Dordrecht. SALON : *Intérieur du port et vue de la Bourse de Rotterdam, effet du matin ; la Meuse à Dordrecht, effet de lune.*
1870 *Paris* *Chartres* *Nantes* *Nevers*	Domicile : Nevers, rue du Rempart, en face de l'imprimerie de la Nièvre et de la place de la Halle-au-Blé. Puis, rue de la Banque. Meilleur équilibre. La guerre. Quitte Paris avec Mme Fesser. Arrêté comme espion à Nantes. Installation à Nevers. Lettre au préfet pour demander « un permet de séjours ». SALON : *Vue d'un canal à Dordrecht ; Intérieur de port à Dordrecht.*

<table>
<tr><td>

1871

Nevers
Saint-Parize
Pougues
La Charité
Paris
Montargis
Nevers
Paris

</td><td>

« Souvenirs de dessin à l'aquarelle. » Mauvaise santé « beaucoup d'ennuye ». Copies de gravures et cartes géographiques. Retour à Paris, pendant la Commune. Arrêt des affaires. « L'année passée était pour moi une perte de 12 à 15.000 francs. »
Eaux-fortes. Visites de Burty et d'Edmond de Goncourt. Excursion dans le Nivernais, en compagnie de M. Alexandre Fesser. Retour à Paris. Buste par le sculpteur Philippe Solari, ami de Cézanne et d'Emile Zola.

</td></tr>
</table>

<table>
<tr><td>

1872

Paris
Orléans
Bourges
Nevers
Meause-sur-
Allier
Villemant
Magny-Cours
Langeron
La Charité

</td><td>

Domicile : Nevers, hôtel Saint-Louis, place Mossé, n° 1. Visite de Zola. Article de *la Cloche* (24 janvier). Eglises et rues de Paris (peintures). Affluence des amateurs. « Il me faut beaucoup de magie pour contenter mes pratique et pour variée mes tableaux... » « On vient de l'Angleterre, de l'Amérique, de la Russie pour acheté ma peinture. » Mauvais état de santé. « Constamment une malaise. Donc, je suis de mauvaise humeur. » Repos en Nivernais en compagnie M. Alexandre Fesser.
SALON : *Entrée du port de Dordrecht par effet de lune.*

</td></tr>
</table>

<table>
<tr><td>

1873

Paris
Nevers
Pupetière
Avignon
Marseille
Nevers

</td><td>

Villégiature à Nevers avec M. Alexandre Fesser; puis en Dauphiné chez Jules Fesser (fils), marié et installé à Pupetière. Voyage dans le Midi avec Mme Fesser.
SALON : Refusé avec deux grandes toiles en hauteur : *Clair de lune à Rotterdam ; Coucher de soleil à Rotterdam.*

</td></tr>
</table>

Il les expose à une exposition « indépendante » organisée par les refusés. Désormais il n'exposera plus au Salon.

1874
Paris
Nevers
Pupetière
Virieu
Lyon
Nevers
Saint-Parize-
le-Chatel
St-Eloi-s.-Loire

Travail à l'atelier : Vues de Hollande, moulins, bateaux, patineurs, réclamés par les amateurs. Eté en Nivernais, puis en Dauphiné. Hiver à Paris.

1875
Paris
Nevers
Pupetière
Grenoble
Chambéry
Genève
Nyons
Lausanne

Mort de M. Alexandre Fesser. Eté en Dauphiné, à Pupetière, chez les jeunes Fesser. Tournée en Suisse avec Mme Fesser et une tourterelle. Rencontre de M. Thiers, débarquant du bateau. Hiver à Paris.

1876
Paris
Pupetière
Lyon

Domicile : Lyon, hôtel Rochette, rue Palais-Grillet. Mauvaise santé : « J'ai des douleurs et de l'inflammation dans le ventre... sous l'influence des plus affreux cauchemars ». Soins affectueux de Mme Fesser. Eté à Pupetière. Excursion à Lyon. Retour à Paris. Saint-Séverin : le *Corbillard de l'hôpital Cochin*.

1877
Paris
Pupetière

Repos aux champs.

1878
Paris
Pupetière
La Côte-St-André

Achat par Jules Fesser de la maison de la Côte-Saint-André. Il y installe sa mère et Jongkind. Premières aquarelles de la Côte.

1879
Paris
La Côte-St-André
Balbins
Ornacieux
Sardieu
Penol
Poulardière
Bressieux

Effets de neige. Boulevards Port-Royal, de l'Hôpital, Saint-Jacques. Succès. Ventes. On vend des faux Jongkind 800 francs. Dérangement cérébral : « J'ai des douleurs à mon bras gauche; c'est comme si on m'avait fait un mauvais tour en me passant ». Besoin de solitude; croit au « mauvais sort ». Souffre de la tutelle de Mme Fesser : « Ils m'ont bien porter d'intérêt pour me moucharder et me martaliser criminellement ». Etourdissements, maux d'estomac, hémorragies. Départ pour la Côte; reprise du travail : croquis et aquarelles : toute la vie du bourg.

1880
La Côte
Gillonnay
Grenoble
Avignon
Sorgues
Nîmes
Narbonne
Cette

Premier hiver à la Côte. Effets de neige. Printemps. Eté. En septembre, excursion dans le Midi avec Mme Fesser. Vendanges à Tournebelle (Aude), chez un beau-frère de M. Jules Fesser.
Retour à la Côte. Hiver : lectures et copies de gravures : *Voyages de Garneray, Magasin Pittoresque*, le *Tour du Monde, Robinson Crusoë, Voyages du capi-*

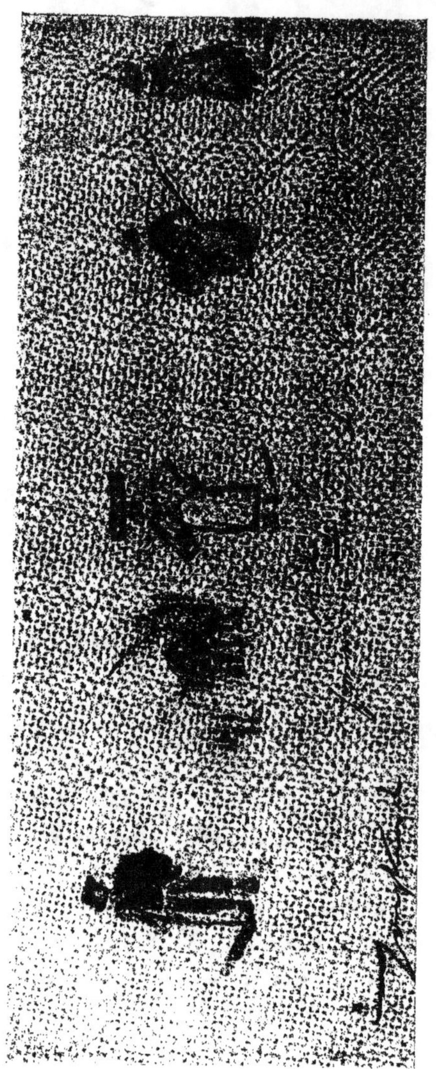

Port-Vendres *Béziers* *Marseille* *La Ciotat* *La Côte*	*taine Cook, Histoires maritimes* d'Eug. Suë, *Monde Illustré*
1881 *La Côte* *Paris* *La Côte*	Hiver à la Côte. Printemps à Paris. On lui demande des vues de Marseille. Il « espère les réusir ». Retour à la Côte. Alcool. Scènes. Révoltes. Vie en commun difficile.
1882 *La Côte* *Grenoble*	Hiver à la Côte. Exposition particulière organisée par Détrimont. Succès considérable. Goncourt note l'influence de Jongkind sur les peintres du Salon : « on lui emprunte ses ciels, ses atmosphères, ses terrains. »
1883 *La Côte* *Grenoble*	Prend en grippe Mme J. Fesser et la domestique; s'enfuit à « l'hauberge ». Vente après décès de son amateur, Théophile Bascle : 83 toiles et 21 aquarelles de Jongkind, de 4.000 à 9.000 francs. Total : 193.950 francs.
1884 *La Côte*	Devenu « paysan dauphinois ». Bonne chère, ripailles. Indigestions. Manie de la persécution. Se croit empoisonné.

1885 *La Côte*	Inauguration de la statue de Berlioz à la Côte. Il n'y est pas convié par la municipalité.
1886 *La Côte* *Paris*	Déchéance physique et morale. De retour à Paris, consulte un médecin de l'hôpital du Midi, qui conseille « régime sobre ».
1887 *Paris* *Grenoble* *La Côte*	Séjour assez long à Paris. Visite de Henri Rochefort. Aquarelles et dessins au jardin du Luxembourg. Petits tableaux de genre. Retour à la Côte : le crayon en main toute la journée. Le soir, copie de gravures.
1888 *La Côte* *Grenoble*	Plus de tableaux pour la vente. Aquarelles... dessins... aquarelles... pour son plaisir. Intoxication urémique. Les crises augmentent.
1889 *La Côte* *Paris* *La Côte*	En août, voyage à Paris pour l'Exposition Universelle. Hallucinations nocturnes.

1890
*La Côte
Paris
La Côte*

Voyage à Paris. Eté
Retour à la Côte : « Je suis toujours souffrant ainsi que Mme Fesser, mais pour mon travaille et pour revoir mes amis, j'espère bien être à Paris l'hiver prochain » (16 octobre). Aggravation. Première attaque à la Côte, le laissant avec de l'aphasie partielle et une paralysie du côté droit.

1891
*Saint-Rambert
Saint-Egrève
La Côte*

Transporté le 27 janvier au pensionnat de l'Asile Saint-Rambert-Saint-Egrève près Grenoble. Accompagné d'un infirmier qui soutenait sa marche chancelante, il allait s'asseoir dans le parc. Meurt subitement le 9 février, à 9 h. 1/4 du matin. Ramené au cimetière de la Côte.

Madame veuve Fesser, Monsieur et Madame Jules Fesser et leurs enfants ont la douleur de vous faire part de la perte qu'ils viennent de faire en la personne de leur ami Jean-Baptiste (sic) Jongkind, peintre, décédé dans sa soixante-douzième année.

29

1891
La Côte

23 novembre, mort de Mme Fesser.

7 et 8 décembre, vente à l'hôtel Drouot : 66 peintures et 121 aquarelles, 286.955 francs.

C'était un grand gars, au long corps osseux et dé-
gingandé, aux allures un peu gauches et chaloupières,
comme celles d'un marin à terre. Crâne élevé; grand
front découvert; chevelure drue; paupière saillante,
devenue lourde plus tard; gros yeux bleus très clairs;
nez fort long, busqué et pointu; lèvres charnues aux
commissures retombantes, comme celles de Delacroix;
longues moustaches, d'abord relevées, puis effilées,
ensuite retombantes et défaites, comme la chevelure.
Menton fuyant. Barbiche.

Regard candide et débonnaire aux années de jeunesse,
gouailleur et rapidement ravagé au temps de bohême,
terne et hagard pendant la déchéance, puis calme, mélan-
colique et enfin méfiant sous la tutelle de Mme Fesser.

Des portraits, par lui-même, le représentent, en
1850, en bon Hollandais, placide et correct, bien
coiffé, bien cravaté; puis, plus tard, en artiste mont-
martrois, un peu crâneur : cigare au bec, cravate au
vent, énorme casquette bouffante rejetée en arrière,
une sorte de jaquette boutonnée jusqu'au cou, les mains
dans les poches, le ventre en avant et, sortant d'une
poche des basques, une bouteille, dont le goulot s'agré-

mente d'une étiquette ostentatoire et peut-être révéla-
trice, sur laquelle est soigneusement écrit « copahu ».

Un autre de ses croquis le représente allant au
motif, à Montmartre, vers la même époque : veston
d'artiste déboutonné sur la chemise molle, carton sous
le bras, gros bâton à la main, vaste chapeau mettant la
moitié de la figure dans l'ombre.

En 1861, un lavis : *Souvenir d'une promenade à
Clamart-du-Bois et retour par Issy*. Sur la route, un
grand diable, la canne à la main, « une pipe ravissante »
au bec ; à sa droite, une dame très courte et fort grosse ;
derrière, un gosse courant après des papillons : Jongkind,
Mme Fesser et son fils Jules.

En 1879, un croquis au crayon gras : terrible
figure à l'œil hagard, sous un feutre mou, bosselé, défoncé.

En 1871, son buste, par Philippe Solari, d'Aix-
en-Provence, ami des Impressionnistes, expressif, mais
un peu solennel.

V̂ETEMENTS.

En 1854, il écrit : « Voilà du beau temps. Je
commence à penser de mettre mes bottes vernies et mon
pantalon blancs très chicar. »

D'après des dessins de Nadar, de Ciceri et diverses photographies :

1850. Petit canotier de paille, fond très bas : une ficelle comme ruban; il manque un gros morceau du bord du devant, cassé, rogné.

En 1865, choyé par Mme Fesser, l'aquarelliste de Honfleur, s'est contenté de déformer le devant d'un très haut et très confortable chapeau de paille, garni d'un large ruban. Ses vêtements sont solides, soignés; redingote de drap épais, revers et col de velours. On le sort de la bohême.

En 1867, souci d'élégance, vêtements amples,

clairs; beau feutre; canne; tout à fait gentil garçon, le jour où il se fait photographier en même temps que sa compagne.

En 1870, les affaires marchent. Aspect cossu, gilet blanc, fleur à la boutonnière et veston de travail, souple et clair, manches serrées aux poignets pour ne pas effacer en dessinant le crayon sur la page d'album.

En 1875, aspect d'un bon bourgeois qui va se retirer à la campagne; mais, en 1879, à la Côte-Saint-André, le tricot, les souliers éculés, le feutre cabossé du trimardeur.

1871. « Nous allons dans des quartiers perdus voir Jonckind. J'ai été un des premiers à apprécier le peintre, mais je ne connaissais pas le bonhomme.

« Figurez-vous un grand diable de blond aux yeux bleus, du bleu de la faïence de Delft, à la bouche aux coins tombants, peignant en gilet de tricot et coiffé d'un chapeau de marin hollandais. »

(Journal des Goncourt, mai 1871.)

1875. « Je me rappelle la sensation qu'il fit aux funérailles de Corot, qu'il admirait passionnément. Parmi l'assemblée, correcte et digne, il parut quasi hagard, grand, long, habillé comme à l'aventure, coiffé d'un large feutre déformé d'un coup de poing, les traits tirés, la barbe d'un blanc où des reflets blonds s'attardaient encore, tout en désordre, nerveux, gesticulant, se parlant à soi-même, à haute voix, l'accent fortement étranger. « Quel est ce fantôme ? » demandaient les jeunes aux vieux. »

(Louis de Fourcaud.)

« Don Quichotte vieilli et fané. »

(Albert Wolff.)

36

1883. « Un grand bonhomme aux yeux bleus et bons, qui allait dans les chemins, son pliant sous le bras, en pauvre diable, avec un chapeau de feutre gris, les souliers éculés et la chemise ouverte, qui parlait familièrement à tous. »

(Jean CELLE, professeur à la Côte-Saint-André.)

SENSIBILITÉ.

Sensible et sans ambition, Jongkind fuyait les relations mondaines ou officielles. Ce qu'il aimait c'était un copain avec qui il pût « causer et blaguer » !

« Il m'a toujours beaucoup plu de vous raconter des blaque, des histoire. »

« J'ai toujours besoin a un ami ou quelqun pour lui dire ma pensée. »

Il aimait les gens du peuple, les humbles vers qui allait son cœur angoissé, les simples, les enfants, les animaux. Avec eux ce misanthrope oubliait les injustices et les affronts : le charbonnier Rochette de la rue de Chevreuse, l'entrepreneur Bonnard de la Côte, les passants, les chemineaux qu'il ramenait chez lui à la Côte. Aux conversations du salon après un grand dîner, il

préférait la compagnie du maître d'hôtel qui l'avait servi à table, avec qui il vidait les carafons.

Il tutoyait tout le monde.

Il adore les enfants, joue aux billes avec les gosses de Montparnasse; espère jouer une bonne partie avec Jules Fesser. Gâte les petits-fils Fesser, comme il a gâté le fils. Leur rapporte des cadeaux, des fusils : « il faudra faire attention qu'ils ne se fassent pas de mal. Qu'on ne leur donne pas de capsule. » Il veut vendre de la peinture pour « payer le beau cheval pour Coucou et Lhenlo », tandis que Mme Fesser « payera le petit voiture ». Même chez de simples hôtes, il gâte aussi la marmaille : « Les enfants sont charmants. J'avais acheté des images de toute sorte, de petites histoires et des papillons et des oiseaux : cela a tout de suite occupé nos petits amis. La petite fille de dix ans a voulu coucher dans notre chambre. »

Il était heureux quand les petits paysans de la Côte l'appelaient « Jonquille ».

Il adorait les bêtes, les chères bêtes innocentes : « Regarde ce joli petit bête », disait-il en montrant un mouton familier qu'il emmenait « au motif » à la Côte-Saint-André et qui le suivait partout. Dès que son ami fut mené à l'asile où il devait mourir, le mouton bien dodu fut mangé.

Dans son atelier de la rue de Chevreuse, « sa chambre à peindre », les pigeons voletaient, perchaient sur les chevalets, sur la tête et sur les épaules du peintre. Il peignait avec un petit poulet enfoui dans son gilet. Des poules picotaient par terre. Et comme elles ne faisaient pas que d'y picoter, sur la proposition de la soigneuse ménagère qu'était Mme Fesser, on leur attacha des petits paniers sous la queue, pour sauvegarder la propreté du plancher.

Mme Fesser aimait ces volatiles autant que Jongkind :

« Si votre mère en perdait une, elle en pleurerait longtemps. »

« Votre mère dit de ne pas oublié a donné du pain tremper et la salade a la perdrix. »

Car le couple, qui lisait *l'Oiseau* de Michelet, avait aussi une perdrix et une tourterelle qu'il emmenait dans ses déplacements. Cependant pour une excursion en Suisse, on décide, à grand chagrin, de n'emmener que la tourterelle et on laisse la perdrix. Mais aussi quelles inquiétudes :

« Comment se porte le perdrix. Il doit beaucoup réclamer la torterelle. Elle se porte très bien mais se trouve déranger et déplacer de ses habitudes. Ce qui m'a fait la peine, c'est de le voir, comme hier une journée entière tout seul ». Et un drame! à l'hôtel Rochette, rue Palais-Grillet, à Lyon : « Le tortorel a fait une ouef, mais elle a beaucoup soufert. Je pense qu'elle pleure le perdrix. Dites-nous comment qu'il se porte. Je rentre deux fois par jour pour consoler cet pauvre tortorel. »

Et l'amour pour ses chiens « Negro et Pyrame », à la Côte-Saint-André, dont il fait un preste croqueton aquarellé sous lequel il écrit avec joie : « Ils ont la clef des champs. »

Nous voilà loin des débinages, des vernissages et des contrats avec les galeries...

Abîmé par sa vie de bohême, par l'alcool, Jongkind a souffert de troubles mentaux.

Dès son retour en Hollande en 1856, il se croit victime d'ennemis imaginaires. Il se croit accusé de conspiration : « Je crois qu'on a voulu me faire passer pour un politik ». Il se figure être surveillé par la police. Il en veut « aux mouchards, aux Jésuites ». Il se révolte contre son ami Isabey, dont auparavant il louait les bontés : « J'ai assez de ce genre de protexion, voilà des Jésuites... »

Plus tard, il évoque « les misères à mort qu'on me faisait en Hollande » : « Pendant quatre ans à Rotterdam, on m'a fait passer pour assassin et pendant ce temps on m'empoisonnait journellement. On a autour de moi empoisonner et assassiner plusieurs braves gens. »

De retour à Paris, il se déclare « malade parce que mon esprit souffre par des contrariétés ». Il a besoin d'avoir de la tranquillité, de ne plus entendre « les bruits, les tappage, les ennuyes des autres... ». « Même d'entendre parler devant ma fenêtre me donne des ennuyes. »

Il se croit empoisonné; redoute les « électrisations »,
refuse d'être le parrain d'un des jeunes Fesser, « pour
ne pas porter malheur à cet innocent », car lui, souffre
encore du mauvais sort que lui ont jeté son parrain et
sa marraine.

« Je l'ai vu dans son très humble logis de la rue
de Chevreuse, où il s'enfermait entouré d'oiseaux qui
venaient percher sur son chevalet même, et qu'il nom-
mait ses « chères bêtes innocentes ». Dès ses premiers
mots, le désarroi de ses idées se manifestait sur tout
autre sujet que la peinture. Il se croyait l'objet de per-
sécutions constantes de la part d'ennemis haut situés, à
la tête desquels se trouvait peut-être le prince d'Orange.
Une de ses préoccupations, lorsqu'on venait à lui, était
d'empêcher qu'on lui touchât la partie supérieure de la
main, qu'il disait empoisonnée. Je ne saurais répéter la
longue et confuse histoire qu'il contait, à ce propos,
avec une conviction désolante. Mais sitôt qu'il parlait
de son art, sa lucidité se retrouvait intacte. »

Louis de Fourcaud.

« Tout à coup, son langage se brouille et se hollan-
dise, ses paroles deviennent bizarres, incohérentes. Il y

est question d'agents de Louis XVII, de choses hor-
ribles dont le peintre aurait été témoin. — Il se lève,
comme mû par un ressort : « Voyez-vous, une électri-
« cité vient de passer à côté de moi » — et il fait avec
sa bouche l'imitation d'une balle qui fuit. »

(Journal des Goncourt, 1871.)

Les mots « Ça y est », « Vous y êtes », dans lesquels il voyait une attaque brusque, le rendaient furieux et menaçant.

A la Côte un soir, on tue un porc. Il entend les coups de couperet et de hachoir. Il se figure que c'est la guillotine qui a fonctionné toute la nuit; que son tour va venir. — Une maladie de la vessie et de la prostate (*cf.* p. 32, bouteille de copahu, et p. 28, consultation à l'hôpital du Midi, 12 novembre 1886), crée de l'intoxication urémique qui redouble les hallucinations nocturnes.

Il se croit environné d'ennemis, ses hôtes, leurs ser-viteurs, lui deviennent odieux. On l'interne au Pension-nat de l'Asile Départemental de Saint-Rambert-Saint-Egrève, le 27 janvier 1891.

Il meurt à l'Asile, le 9 février 1891, d'une attaque d'apoplexie.

44

Pendant son long séjour en France, il n'a guère appris le français. Son jargon, son orthographe n'ont guère changé. Si, en 1851, il écrit « la Belle Poel » et « la belle sexes », le 19 février 1880, il écrit encore en bas d'un croquis : « Pauline Brassier cherchant le premier salade de pise en lit », et le 19 septembre 1883, il transcrit ainsi sur son album le menu d'un repas qu'il vient de faire à Grenoble :

> *Potage à l'écume*
> *Calantine de vollaille*
> *Merlan frite au citron*
> *Filet de bœuf au champion*
> *Gicot creison*, etc.

Mais n'oublions pas que Baudelaire écorche ainsi son nom : Yonkind ; que Goncourt hésite entre Jonckind ou Jonkindt et que Zola préfère Jong-Kind.

II

APPORT

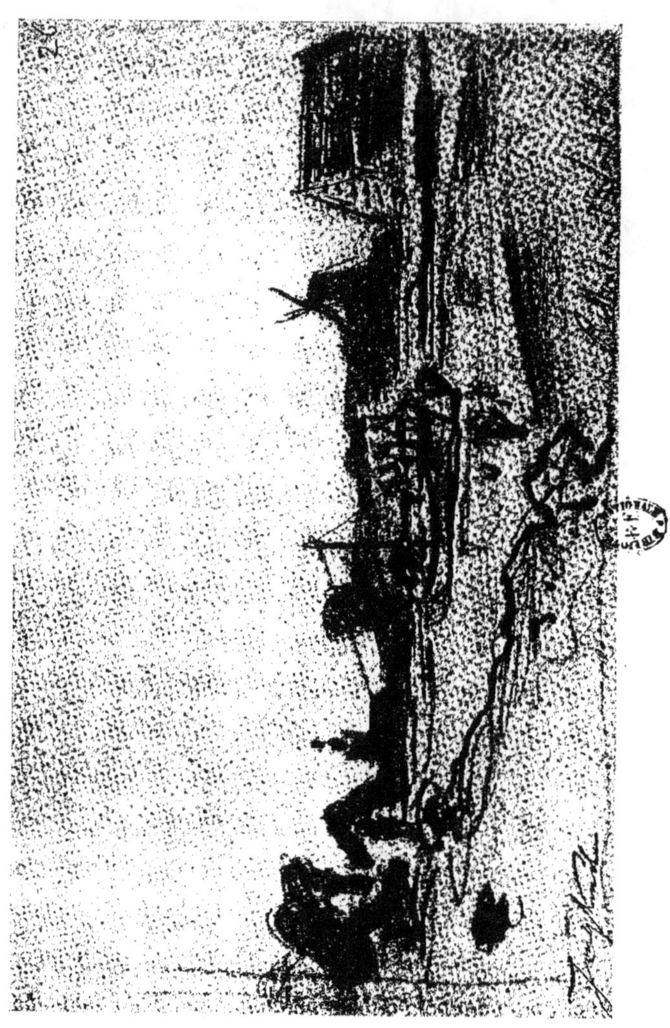

II

APPORT

Dans cet ouvrage consacré aux aquarelles, dessins et eaux-fortes de Jongkind, il n'y a pas lieu d'étudier longuement la technique picturale de l'homme dont nous venons de résumer la vie magnifique et douloureuse.

Il convient cependant de montrer toute l'importance de ce rénovateur du paysage moderne, de ce peintre qui fut le premier impressionniste, en précisant son apport et sa filiation.

Il fut, en son temps, le représentant de la puissante lignée de ces coloristes rénovateurs, qui de Watteau, de Delacroix, à Cézanne et à Seurat, se perpétue parallèlement à la misérable chaîne « des esclaves noirs de la peinture », victimes de l'artifice et de la convention de l'académisme.

Il relie la tradition hollandaise des Arthur Van der Neer, des Van de Velde, des Jean Vermeer, à celle de nos Paul Huet, Corot, Courbet.

Il vient en France, élevé dans le culte de la nature par son étude de ces maîtres et par l'enseignement de son professeur Schelfhout. Il retrouve dans nos maîtres, qui réagissent, déjà victorieusement, contre le paysage académique, le même amour de la lumière, de la couleur, de l'atmosphère. C'est sous leur influence qu'il travaillera. S'il va chez Isabey, au lieu de s'adresser à Corot ou à Courbet, c'est que le marin qui est en lui a été séduit par les bateaux de ce peintre. D'ailleurs il ne tardera pas à dépasser son premier maître, introduisant la nature et l'observation là où Isabey ne mettait que du chic et de l'adresse.

Ennemi des formules et des contraintes, dans la vie comme dans son art, ce solitaire n'est pas long à se débarrasser de toute influence et à dégager sa personnalité.

Pour exprimer tout ce qu'il ressent, pour peindre tout ce qui l'enchante — la palpitation de la lumière, la transparence de l'atmosphère, la fluidité des eaux, leur clapotis, leurs reflets, les brumes opalescentes, les effets de lune, la neige, la fuite des nuages, des voiles et des patineurs, toutes ces fêtes de la nature dont son âme de Hollandais est imprégnée — il lui faut se créer un double métier qui lui permette d'abord de fixer devant la nature la course passagère de ces éléments en perpétuel mouvement et d'en reconstituer ensuite, au chevalet, dans l'atelier, la splendeur colorée.

Au premier degré, pour saisir l'âme des choses, pour fixer sa sensation, il usera d'un dessin sténographique, rehaussé à l'aquarelle de quelques prestes touches.

Au deuxième degré, pour fixer et développer sur la toile ses impressions, il se crée, de toutes pièces, une technique lui permettant de reconstituer la variété, la richesse, la douceur des spectacles qui l'ont ému.

Par instinct, plus que par raisonnement, tandis que ceux qui seront les impressionnistes en sont encore aux couleurs sombres et rabattues, aux oppositions violentes de Courbet, il est amené à éclaircir sa palette, à n'user que des teintes les plus pures, qui seules peuvent lui permettre d'exprimer tous les jeux de la lumière et de la couleur.

Comme facture, au lieu de la tache synthétique, il usera d'une sorte de division analytique, de morcellement de la couleur, en petites touches multicolores, entrelacées sans souillures ou juxtaposées. Le premier, il jouera de ces jeux des teintes et des tons, de cette décomposition de la couleur, de cette modulation dégradée ou contrastée qui constituent les « passages » prônés et appliqués plus tard par Cézanne et Pissarro.

De fait, certains Jongkind sont peints en petites touches séparées, quinze ans avant que Sisley et Pissarro aient eu recours à cette facture.

L'influence considérable de Jongkind sur l'évolution coloriste des maîtres impressionnistes a toujours été reconnue par eux, et avec quels hommages pour leur précurseur.

C'est grâce à ce souci du métier, à ce respect de la matière que les tableaux de Jongkind s'embellissent

au cours des ans. Il l'espérait bien, lui qui disait, quand on lui reprochait « son grignotis, ses bavochures dans les contours et dans la touche » (Theod. Pelloquet) : « Ma peinture a besoin de vieillir. »

C'est la juste récompense de tous les peintres qui ont le souci de la technique et de la matière. Il n'y a pas de bonne peinture sans belle matière. Et, pour l'obtenir, il faut que la toile soit couverte, nourrie, peu à peu; empâtée même, car en vieillissant la couleur rentre dans la toile et tend à disparaître.

Que de peintures charmantes vont mourir, tandis que les plus lourds Cézanne gagnent chaque jour en splendeur.

Par sa méthode de travail direct d'après nature, lui permettant de fixer ses « impressions » les plus fugitives, par ses vibrations chromatiques lui permettant d'en développer la splendeur, Jongkind est donc bien le premier des Impressionnistes.

Si, contrairement à certains d'entre eux, il ne s'astreint pas à emporter un grand chevalet et des toiles de 30 sur son dos; s'il évite de lutter avec ce matériel encombrant, contre le vent, le soleil et les marées, il ne considère pas cependant qu'il manque de respect à la nature.

En parlant de deux peintures de Rotterdam qu'il vient de faire à l'atelier, il écrit à son ami Smits : « Je les ai faites d'après nature. Bien entendu j'ai fait des aquarelles d'après lesquelles j'ai fait mes tableaux » (24 novembre 1856).

Il est si satisfait de cette méthode de travail, de ce mode de documentation, que jamais il n'y renoncera. On ne peut guère citer de peintures à l'huile de Jongkind faites d'après nature. Il réservait pour l'atelier cette matière moins obéissante.

Il faut donc placer ce rénovateur du paysage moderne entre Corot et Monet, en tête de ces autres précurseurs de l'Impressionnisme : Boudin, Cals et Lépine. Et, comme il le souhaitait, comme il l'indiquait en se proclamant, dans les livrets du Salon, élève d'Isabey et en se faisant inscrire à l'Exposition Universelle de 1855, dans la section française, il doit être classé parmi les maîtres de l'Ecole française.

La France fut sa patrie d'élection : il y vécut quarante-cinq ans; il y mourut. Il ne retourna en Hollande que dans une crise de dépit et il revint bien vite dans sa « belle France ». Il ne fit plus dans son pays d'origine, que de courtes apparitions pour y travailler sur nature, car : « Le pays est beau par son intelligence nationale ; je dis nationale parce que des moulins, des ports, des allées, des arbres, tout a un caractère d'une nationalité Hollandais, que je crois qu'on ne retrouve nulle part » (1857).

Mais ces tableaux pour lesquels il est allé se documenter en Hollande, il les exécutera à Paris : « La Hollande est beau à peindre; mais pour exploité ce qu'on fait comme étude, ce n'est que Paris, pour se fortifié, pour apprendre à savoir faire un BON TABLEAU. Pour l'art, il y a beaucoup de caprise, mais, dans sa coté

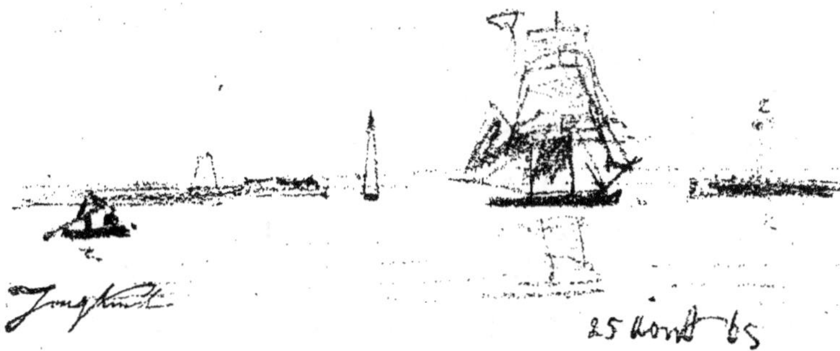

sérieuse, il n'y a que Paris où on trouve les juges les plus terminés pour encourager et pour dire ce qu'il faut et ce qu'il manque » (1856).

« A Paris en travaillant, on éprouve une choce qu'on retrouve nulle part : je veux dire se restauré ce qu'il faut pour faire toujours mieux » (1856).

« Or, en général, l'esprit hollandais n'est pas pour encouragé les arts » (1856).

« Paris est la ville unique pour le placement de mes travaux. Vous le savez combien je dois au noble secours de Paris au moment des misère à mort qu'on me faisait en Hollande et partout » (1862).

Et notre pays, qu'il aime, lui appartient aussi par droit de conquête. Sur une carte de France qu'il a dessinée pendant les loisirs que lui impose la guerre de

1870, il note toutes les villes où il a travaillé, du nord
au sud, de l'est à l'ouest, sur le littoral et dans le
centre. Et pendant vingt ans encore il poursuivra cette
conquête. Il partira, ayant victorieusement exprimé le
mouvement de nos villes, la variété de nos paysages,
le caractère de nos fleuves, de nos mers, de nos mon-
tagnes. Et cette terre qu'il a chantée l'adoptera, car si
on lit sur son acte de naissance :

JOHAN BARTHOLD Jongkind,

sur la lettre de faire-part de sa mort on lit :

JEAN-BAPTISTE Jongkind.

III

VISION

III

VISION

Les dessins et aquarelles de Jongkind forment la partie la plus caractéristique de son œuvre. Celle qui apprend à le mieux connaître, à le mieux aimer. C'était celle aussi qu'il préférait, la gardant jalousement dans ses cartons, la réservant à ses amis plutôt qu'aux marchands. Elle fut la joie de sa vie; dans ses dernières années, à la Côte, délivré des soucis de vente, il ne fait presque plus de tableaux : il dessine, il aquarellise, « vieillard fou de dessin », comme Hokousaï.

Ces jeux passionnés avec la nature, où l'on ne trouve jamais les redites qu'on peut quelquefois remarquer dans ses tableaux, il les continuera sans déclin, jusqu'à sa mort.

Dans ce carnet de route parmi la nature il note tout ce qui l'émeut, et tout ce qui peut contribuer à compléter son émotion. Il ne copie pas : il enregistre, il thésaurise. Il ne se contente pas seulement de ce qu'il a devant soi : il se retourne, prend à droite, à gauche, devant, derrière. Si un clocher ne se trouve pas dans son champ visuel, il s'en empare et le met en meilleure place.

De même qu'il ajoute les bons éléments, il néglige et écarte les mauvais. L'art ne peut dépendre des horreurs que l'homme introduit dans la nature. Et les rapports que nous offre la nature elle-même ne sont pas toujours harmonieux. Le peintre retranche ou ajoute : il choisit. Il ne s'agit pas de vérité, mais de vraisemblances justifiables et logiques.

Même dans son emballement Jongkind reste libre : « Tu fais mal; tu te poses au hasard, comme une mouche sur un merde », dit-il à un confrère qui ne choisit pas.

Lui ne se pose pas : il circule, prend son bien là où il le trouve. Et il saura adapter ses conquêtes à tous ses besoins.

Degas ne se servait-il pas de ses croquis de danseuses pour dessiner des collines dans le fond de certains de ses paysages ? « Tel est l'empire de la beauté sublime : un théâtre donne des idées pour une église » (Stendhal, *Promenades dans Rome*).

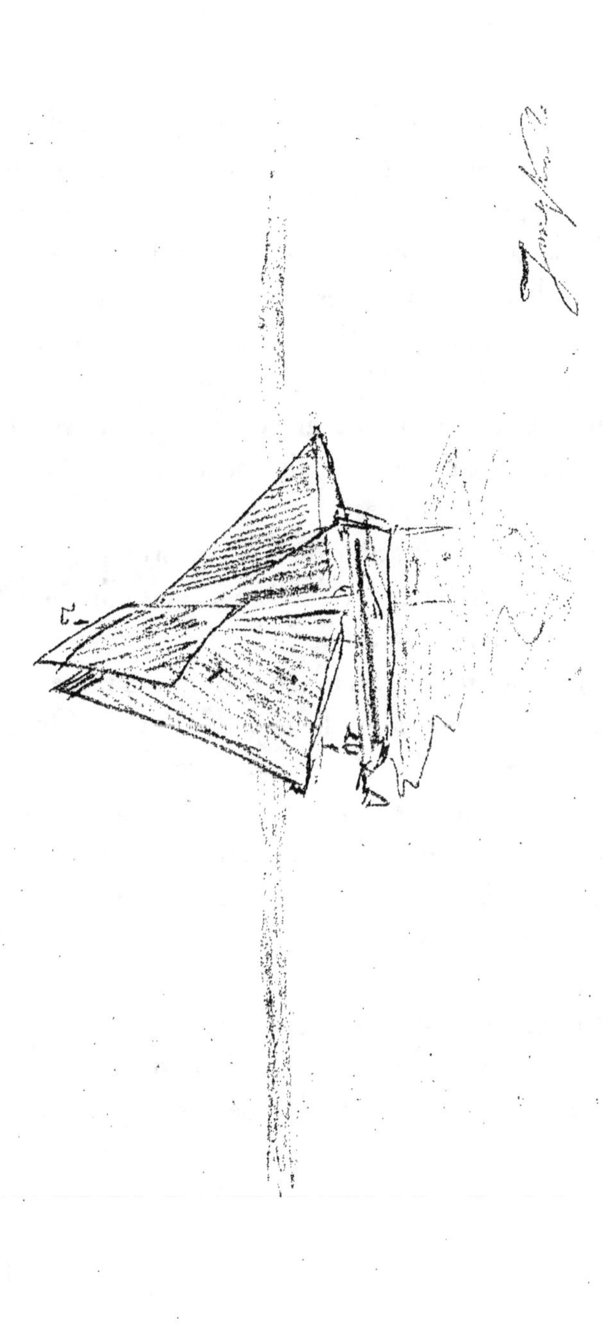

Si les notations de Jongkind sont d'une telle variété, d'une telle acuité, c'est que son œil est resté perpétuellement vierge. Jamais il ne voit des formes préconçues cérébralement; il voit les objets tels qu'ils apparaissent à son œil de peintre, sans cesse renouvelés par le mouvement et l'éclairage. Il a su sauvegarder cette innocence de l'œil dont dépendent toutes qualités picturales. Sa perception est restée aussi pure que le serait celle d'un aveugle-né qui soudainement verrait. Tout pour lui est toujours nouveau.

La bonne éducation de l'œil consiste précisément à conserver cette fraîcheur de vision. Sans elle, on ne *voit* plus : on *connaît;* on a appris à interpréter, on se répète au lieu de se renouveler; la mémoire remplace la sensibilité. Plus d'émotion, de vie, de variété. On tombe dans le convenu, les clichés, les formules.

Un livre sur une table : au lieu de nous dire, comme l'expérience, la mémoire, la paresse nous y incitent : « c'est un livre », examinons d'un œil ingénu, comme si nous nous trouvions en présence d'une masse colorée imprévue.

Si l'œil est assez sensible pour enregistrer les précieuses métamorphoses que les circonstances, le milieu, l'éclairage, le contraste, le dégradé, les rapports imposent à cette masse, au lieu de nous trouver devant l'objet banal, tiré à des milliers d'exemplaires, que faussement nous nous imaginions, nous avons devant nous un joyau original et unique.

L'art de peindre consiste à percevoir et à exprimer ces variétés insoupçonnées; l'art de dessiner exige la même observation dans les formes. Quand Jongkind est devant un bateau, il ne songe pas à ce qu'on est convenu d'appeler un mât : un morceau de bois, rond, lisse, plus mince du haut que du bas. Il constate que le pouliage, les capelages, les espars, les drisses, les haubans viennent rompre et varier la ligne verticale, comme les veines du bois, le reflet des vernis, le racage, les luisants et les ombres portées des manœuvres viennent modifier la couleur locale... Aucun parallélisme, aucune monotonie; les formes et les couleurs rompues et variées. Il note quelques-uns de ces jeux avec certitude. Puis cette minutieuse analyse d'éléments si divers, il la synthétise en signes appropriés. Et, récompense de sa candide observation, au lieu de la misérable perche dénudée que tant de peintres de marines plantent sur de pauvres sabots, les mâts de Jongkind, à la fois réels et magnifiés, fusent vers le ciel, allègrement, au-dessus de ses coques alertes.

Dans un ciel, où tant d'autres ne verraient qu'une

surface vide, parce qu'ils le *savent*, Jongkind, qui *regarde*, découvrira de nombreux éléments de variété. Dans tel toit qui, pour certains, n'est qu'un rectangle plat et monochrome, il lira tout ce que la nature a apporté d'éléments de forme et de couleur pour rompre la monotone symétrie du travail des hommes : mousses, tuiles brisées, nids d'oiseaux, colorations et décoloration du soleil et de la pluie.

Son œil est si ingénu, qu'il n'a jamais voulu admettre que l'horizon soit horizontal, et dans chacune de ses notations il le figure par une courbe s'abaissant vers les côtés de la feuille, qu'il soit maritime ou terrestre.

Et c'est ce simple qui est le savant, car l'optique et la physiologie démontrent que nous ne pouvons concevoir des lignes strictement horizontales. Si nous étions sensibles et non prévenus, nous verrions les lignes, qui limitent en haut et en bas un des panneaux de nos logis, s'abaisser sur les côtés au plafond et se relever au plancher. Et en pleine mer, l'horizon ne nous semble-t-il pas parfaitement courbe ?

Jamais non plus il ne s'est laissé influencer par les règles de la perspective aérienne, d'après quoi les valeurs doivent s'atténuer en allant vers l'horizon. Il a vu que, contrairement à ces principes, souvent le bleu d'une montagne dans les fonds est la valeur la plus vigoureuse de l'ensemble et qu'un nuage au couchant l'emporte souvent en intensité sur les localités du premier plan.

Cette vision, fraîche et rapide, qu'il a su garder intacte, lui a permis de varier à l'infini son répertoire. C'est la vraisemblance rationnelle de son témoignage, plus vraie que la sèche vérité, qui assure tant de vie et de force à son œuvre.

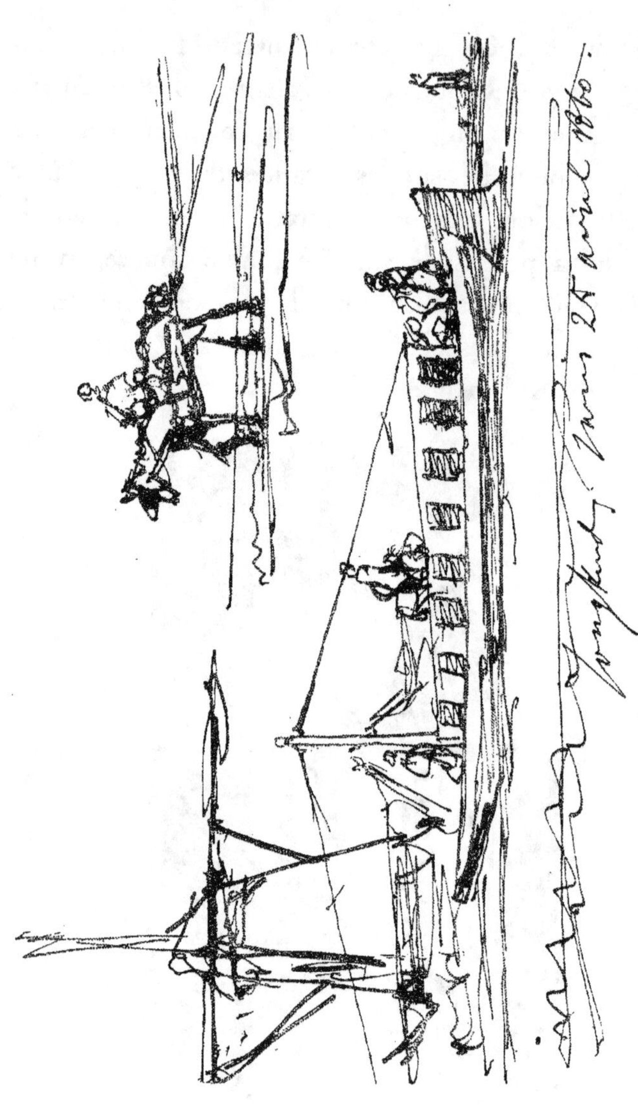

IV

DESSIN

IV

DESSIN

La vision de Jongkind est prestement servie par les réflexes de la main, pendant le mystère de l'interprétation, où l'objet se transforme en signes.

Il ne s'agit pas de précision d'architecte, ni de brio d'illustrateur. La main n'est là qu'un organe de transmission, soumis au cerveau et à l'œil. Il semble que Jongkind eût aussi bien dessiné de la main gauche que de la droite s'il l'eût fallu. Sa main de malade et d'alcoolique fut toujours la servante de son cerveau, de son œil de peintre, restés intacts, même dans les moments d'égarement.

Chez Jongkind, c'est de l'adresse supérieure, de l'adresse de pur peintre, non cette adresse infernale qu'on acquiert dans les académies au détriment de l'instinct et de la sensibilité, mais celle acquise par un incessant travail d'après nature, par une observation perpétuelle.

Jamais, dans ses notations, on ne retrouve le chic romantique de son maître Isabey; jamais non plus l'adresse, quelquefois un peu captieuse, de son ami Boudin, ni l'exécution trop prédominante du charmant Hervier.

S'il arrive à nous présenter en traits si sûrs, en signes si parfaits, la synthèse de ce que sa sensibilité a perçu et transformé, c'est que cette certitude, qui paraît si spontanée, est le résultat des minutieuses études, à l'humble mine de plomb, de ses vingt premières années de travail.

Turner également a pu réaliser ses féeries vénitiennes, jouer avec l'air, le feu et l'eau, parce que dans sa jeunesse il a dessiné, presqu'à la règle, les châteaux d'Angleterre. Et si Degas sait d'un trait féroce synthétiser les mouvements du corps de ballet, c'est qu'il a longtemps étudié les plis des draperies et les muscles du corps.

Ces bénéfices de la synthèse ne peuvent résulter que de longues analyses préparatoires.

Trop d'artistes maintenant commencent par la fin : arabesques pseudo-magistrales sur une grande feuille vide, dessins outrecuidants où la pernicieuse habileté s'efforce de dissimuler le manque d'étude et d'observation. On crie à la force, au style : ce n'est que de l'emphase à la Carrache.

Et, il y a plus de force, de vraie force, dans une petite page du carnet de poche de Jongkind que dans tous les Whatman, raisin ou jésus, de ces hercules de foires ébahissant les jobards en jonglant avec des faux poids, aux applaudissements rémunérés des « comtois ».

Cet acquis, entretenu par un perpétuel entraînement devant la nature, a permis à Jongkind cette rapide transformation des objets en signes nouveaux et innombrables.

Entre son œil et sa main l'objet se dépouille de sa sèche réalité pour devenir signe. Mais là, où tant d'autres se perdraient dans les poncifs, Jongkind, sauvé par son humilité, guidé par sa sensibilité, se renouvelle sans cesse.

Si telle roue de moulin évoque une clef de sol, si telle barrière ressemble à une portée musicale, si telle ramure serpente comme un entrelacs de Vinci, jamais aucun de ces signes ne se retrouvera répété dans une autre de ses notations. Le répertoire de ses hiéroglyphes est varié à l'infini, car c'est la nature inépuisable qui en fournit les éléments.

Jamais deux objets absolument semblables ne se rencontrent dans la nature. Dans toutes les cheminées des toits de Paris, dans les milliers de cyprès de la route d'Arles à Salon, il n'y a pas deux exemplaires identiques. Dans la grille la plus régulière, il n'y a pas, pour un peintre qui sait voir, deux barreaux pareils.

Dans la notation la plus rapide d'un artiste sensible et sincère, on ne doit pas retrouver deux traits semblables, deux teintes pareilles. La répétition est une faiblesse ou une lâcheté. Jongkind ne se repètera jamais[1].

[1] Comparez dans les gravures ci-dessus les signes analogues, mais non semblables, exprimant à quelques jours d'intervalle les croix du cimetière de Balbins.

Son intervention confère ainsi aux objets, en même temps qu'une vraisemblance supérieure à la vérité, la plus somptueuse des apparences.

Cette volonté de graphie, cette puissance des signes vont en croissant, au cours de sa vie. En comparant les traits des premiers dessins aux lettres de la signature et des indications manuscrites que comportent beaucoup de ses feuilles, on constate qu'à cette époque le tracé des lettres est plus ornemental, plus souple, et en même temps plus nerveux que le trait des dessins, très analytique alors, et de ce fait quelquefois un peu maigre.

Mais bientôt, lettres et traits se confondent dans le même rythme, preste et joyeux. Signature et dessin sont du même style.

Plus tard, la graphie du dessin l'emporte sur l'écriture. Et le fac-similé de la signature que la famille apposera après sa mort, sur ses dernières œuvres, semble bien terne et mécanique auprès de la beauté des signes.

Les dessins de la première période sont exécutés à la mine de plomb. Cette matière et le métier très précis peuvent les faire paraître un peu secs, au premier examen. Certains traits sont tracés à l'aide d'une règle ou des bords du carton à dessin. Un léger frottis au crayon

pour ombrer, égal et peu significatif, fait vite place à une distribution plus ordonnée de l'ombre et de la lumière.

Il n'y a pas encore de signes; mais une précision minutieuse et rythmée, sans petitesse. Chaque détail est étudié en peintre, avec amour, comme dans les dessins des primitifs, sans un trait grimaçant, sans enjolivures inutiles. Dans cette analyse, il y a en germe les futures synthèses. Aucun grief ne peut lui être fait de cette apparence de sécheresse préférable à tant d'« à peu près trop réussis » : l'humble sincérité vaut mieux que l'affectation !

Dès 1860, il renoncera au crayon à la mine de plomb, qui donne toujours un travail un peu maigre. Il usera presque toujours d'une mine noire, plus épaisse, genre Conté, qui assure un trait plus noir, plus gras, plus souple, et permet une gamme beaucoup plus étendue du gris clair au noir foncé. Cette mine, il la taillera longue et aiguë : aiguë pour avoir une pointe incisive assurant la netteté du trait; longue pour obtenir, en inclinant le crayon, de larges frottis indiquant les principales valeurs.

Avec quelle fougue, il manie cet outil à double

usage, avec quelle allégresse il le fait glisser ou sautiller
sur la surface de sa feuille de papier, bien lisse pour
ne pas troubler ou ralentir le jeu.

Il sait, parce qu'il l'a constaté, qu'il n'y a pas plus
de lignes droites que de parallèles dans la nature. Donc,
son trait se rompt, se brise, s'entrelace, se noue en
rythmes et en arabesques. Il lui donne de la vie, en en
variant aussi l'épaisseur et la valeur, l'amincissant, le
renflant selon les morsures de la lumière.

Comme Poussin, comme Puvis, il a pressenti les
lois physiologiques et esthétiques de la dynamogénie et
de l'inhibition, l'importance des directions. Il sait que
l'œil continue la course d'une ligne : qu'une ligne dirigée
de bas en haut et de gauche à droite est élément de
joie, et que la direction contraire signifie tristesse. Aussi
toujours ses mâtures, ses troncs d'arbres, ses murailles,
tout ce qui monte vers le ciel, seront-ils indiqués, d'un
trait fusant délibérément de bas en haut; tandis qu'une
branche s'inclinant vers le sol sera exprimée par un trait
tombant. Jamais de contre-sens.

Dès lors, ce ne sont plus que des séries de signes,
d'entrelacs, d'arabesques, de volutes, de pleins et de

déliés, la plus belle écriture de peintre : « Le dessin
arabesque est le plus spiritualiste des dessins. »

Ch. Baudelaire.

Jamais de fatigue dans ce travail alerte et joyeux :
il note une certitude ; il l'inscrit d'un signe approprié ;
une autre certitude, un autre signe. Peu à peu la feuille
se couvre. Quand la fatigue arrive, il s'arrête, comme
le faisait Cézanne, après ses rudes débats avec la
matière.

Pour constater la parfaite proportion de ce mélange
de réalité et de lyrisme, pour jouir de l'équilibre de ces
deux éléments, il faut examiner à la loupe quelques-
unes de ces reproductions. Quels documents en ces
arabesques ! Le maillot déformé, au col roulé, d'un des

petits personnages de la *Jetée en bois* (pl. 12, eau-
forte) ne caractérise-t-il pas à souhait le carabot de
la petite pêche, plus souvent aux débits et sur les quais
qu'à la mer ; les bretelles croisées du marin de la
page 81 ne symbolisent-elles pas tout le confortable
cabotage anglais ? Et tous ces bateaux qui roulent, tan-
guent, louvoient, virent, au bas-ris ou tout-dessus, ne
séduiront-ils pas tous ceux qui savent ce qu'est un bateau
et qui sont sensibles au « charme infini et mystérieux
qui gît dans la contemplation d'un navire et surtout
d'un navire en mouvement », décrit par Baudelaire, cet
autre ami des bateaux et de Honfleur.

Et cette silhouette étique du vieil omnibus (page 79)
n'évoquera-t-elle pas leur jeunesse à tous ceux qui se
souviennent d'avoir escaladé les échelons de l'impériale ?

Telle charrette, toute en signes de beauté, est d'un
dessin plus précis que la sèche épure d'un carrossier.
Les sabots et les cornes des bœufs de la page 30,
classent ces ruminants aussi bien que les meilleures
planches d'histoire naturelle. Voyez dans les eaux-fortes
les quelques traits caractéristiques qui différencient le
cheval hollandais du *Chemin de halage* (pl. 5), du
normand du *Port au chemin de fer* (pl. 13), des per-
cherons de la *Rue des Francs-Bourgeois* (pl. 19).

80

Si ces petites images sont si complètement représen-
tatives, c'est que Jongkind, comme tous les classiques !
a su dégager le trait unique et indispensable qui fixe la
vie et détermine le type.

Avec quelle variété, quelle souplesse de rythmes
ces vraisemblances caractéristiques sont exprimées.
Quelle joie pour qui sait lire cette sténographie, pour
qui sait décomposer ces hiéroglyphes !

L'essence de ce dessin est tellement concentrée
que, loin de se dépouiller à l'agrandissement — comme
tant d'autres reproductions qui, au contraire, ont besoin
de la réduction pour signifier quelque chose — il y
gagne des forces insoupçonnées. Qui pourrait imaginer,
en examinant le petit canot et le trois-mâts, de la
planche 20, que ces quelques traits puissent contenir
tous les éléments de beauté qui éclatent dans l'agrandissement (page 81)?

C'est qu'en ces quelques traits il a su synthétiser
la vie en germes d'art qui peuvent se développer en
toute certitude.

Il en était de même pour un petit croquis de
Rembrandt, que les organisateurs de l'exposition du
tricentenaire du peintre à Amsterdam avaient eu

l'heureuse idée de faire agrandir, jusqu'au format double colombier, pour décorer l'affiche de cette exposition.

Ce petit croquis avait, agrandi, un style décoratif, aussi bien dans les contours que dans les proportions des valeurs, à quoi n'atteignent jamais les maîtres de l'affiche. C'est que, dans sa petitesse, il possédait, comme les dessins de Jongkind, les lignes nécessaires et suffisantes pour styliser la réalité.

Il y avait autant de différence entre ce style vivant et la stylisation systématique de l'art de l'affiche qu'entre un beau tronc d'arbre fusant vers le ciel et un tuyau de descente des eaux ménagères.

La beauté des signes de Jongkind est si particulière qu'il est impossible de les copier ou de les imiter. C'est un jeu facile de dénoncer un faux dessin de Jongkind : tout ce qui chez lui est sourire charmant devient grimace ridicule chez le faussaire.

Par le prestige de son intervention, voyez ce qu'il fait d'une piètre illustration d'A. de Neuville, publiée dans le *Tour du Monde*, en l'interprétant un soir d'hiver, sous la lampe, à la Côte-Saint-André (page 83). Et comme il embellit en les copiant ces images de son cher marin Garneray, l'évadé des pontons anglais ! (page 86).

Le dessin de Jongkind est en parfait accord avec sa peinture, comme les blancs et noirs de Seurat avec ses dégradés et ses contrastes polychromes. Varié, fragmenté, souple comme sa couleur, il exprime la vie et le mouvement aussi bien que ses tableaux.

Et c'est un tel dessin de peintre, qu'en outre il indique les volumes, les valeurs, les tons et on peut dire aussi les teintes, car, par leurs rythmes et leurs oppositions, tels dessins de Jongkind nous suggèrent la couleur dont ils sont dépourvus.

Combat de Lagos

V

EAUX-FORTES

EAUX-FORTES

L'œuvre de Jongkind comporte une série d'eaux-fortes qui sont les plus belles gravures de « peintre » qui existent.

Il devait y faire merveille. Car, dans son crayon, il y avait déjà morsure. Les qualités de son trait ne pouvaient qu'être accrues par le maniement de la pointe, la beauté de ses signes augmentée par le velouté et la variété de l'encrage.

Dans ces gravures, sa pointe incisive et cursive résume et améliore encore les conquêtes de son crayon. Dans ce travail à l'atelier, complètement libéré du souci d'imitation, mieux installé, il peut faire courir plus librement son outil. Et ce n'est qu'un jeu libre, où les traits s'entrecroisent, se chevauchent ou s'opposent, en même temps précis et désinvoltes, pour établir les formes et les valeurs.

Car, fort de son métier de peintre, avec l'unique ressource du blanc et du noir, par la proportion, les oppositions, Jongkind a introduit sur sa planche, non seulement la vie et le mouvement, mais la lumière et même la couleur.

La beauté de ces gravures n'a pas échappé à Baudelaire, précurseur sensible et avisé : « Chez Cadart, M. Yonkind, le charmant et candide peintre hollandais a déposé quelques planches auxquelles il a confié le secret de ses souvenirs et de ses rêveries, calmes comme les berges des grands fleuves et les horizons de sa noble patrie, — singulières abréviations de sa peinture, croquis que sauront lire tous les amateurs habitués à déchiffrer l'âme d'un artiste dans ses plus rapides GRIBOUILLAGES. Gribouillage est le terme dont se servait un peu légèrement le brave Diderot, pour caractériser les eaux-fortes de Rembrandt. »

Ch. BAUDELAIRE, le Boulevard, 14 septembre 1862.

Mais, pour certains graveurs professionnels, si les « gribouillages » de Rembrandt sont, par déférence, admis, ceux de Jongkind ne sont pas encore reconnus comme de valables estampes et on refuse, à ce peintre qui s'amuse, son « brevet de graveur ». Cependant, les uns et

les autres sont tellement dans la même tradition, qu'il semble difficile, sans consulter les signatures, de différencier la planche de la page 91 et la planche 6 des deux maîtres hollandais. Ne sont-elles pas, sur un motif analogue, d'un métier presque identique de peintre et de grand peintre. Et peut-être celle de Jongkind — qui n'est pourtant pas la meilleure de sa série — est-elle la plus belle des deux ?

D'ailleurs, les gravures de peintres, celles de Géricault, de Delacroix, de Corot, de Daumier, de Manet, de Degas, de Pissarro, ne sont-elles pas, à tous points de vue, même par la technique, supérieures aux rusés travaux, routiniers et insensibles, de nos plus notoires spécialistes du burin et de la pointe ?

L'œuvre gravé de Jongkind — dont certaines planches, après avoir traîné longtemps dans les cartons des marchands d'estampes sont devenues rares — comporte en tout vingt et une planches, toutes reproduites dans cet ouvrage.

En 1862, Jongkind fait imprimer chez Delatre un cahier de sept eaux-fortes représentant des *Vues de Hollande*, qu'il fait éditer chez Cadart et Chevalier, où venait de se fonder une « Société d'Aquafortistes », composée de peintres graveurs, dont il faisait partie avec Bonvin, Bracquemond, Corot, Daubigny, Legros, Manet, Meryon, Millet, Ribot, Seymour-Haden et Whistler. Cet album comporte sept planches de moyen format (à peu près 0 m. 20 × 0 m. 16) :

1. Le titre : *Cahier de six Eaux-forte « Vues de Hollande », par Jongkind.*
2. *Le canal.*
3. *Maisons au bord du canal.*
4. *La nourrice.*
5. *Le chemin de halage.*
6. *Barque amarrée.*
7. *Les deux barques à voile.*

Puis, la même année, chez les mêmes éditeurs, une pièce plus grande (0 m. 31 × 0 m. 22) :

8. *Vue de la ville de Maasluis* (moulin et patineurs).

A quoi succède, en 1863, une pièce dont il existe peu d'épreuves :

9. *Vieux port de Rotterdam* (0 m. 30 × 0 m. 23).

En 1863, 1864, 1865 et 1866, chez Cadart et

Luguet, et toujours tirées chez Delatre, quatre de ses plus belles planches, qui résument le mouvement et la couleur de ce port de Honfleur, où il a fait si riche moisson de dessins et d'aquarelles :

10. *Entrée du port de Honfleur* (o m. 30 × o m. 22).

11. *Sortie du port de Honfleur* (o m. 30 × o m. 22).

12. *Jetée en bois dans le port de Honfleur* (o m. 30 × o m. 22).

13. *Vue du port au chemin de fer à Honfleur* (o m. 32 × o m. 25).

Puis, chez la veuve Cadart, en 1867, une petite planche (o m. 18 × o m. 13) :

14. *Moulin en Hollande.*

En 1868, chez Cadart et Luce — et chez Ch. Delorière, pour le quatrième état — la pièce la plus lumineuse de la série, plus gratinée que les autres et colorée comme un Claude (o m. 23 × o m. 15) :

15. *Soleil couchant. Port d'Anvers.*

En 1869, l'éditeur du Parnasse, Lemerre, publie un album tiré à 350 exemplaires sur papier vergé, *Sonnets et Eaux-fortes*, dans lequel figure, ornant un

sonnet de Robert Luzarche, une planche (o m. 19
× o m. 12) datée 1868 et imprimée chez Salmon :

16. *Batavia.*

S'inscrit alors une pièce qui fut longtemps consi-
dérée comme un faux, mais dont une épreuve annotée
par Jongkind, le 6 juillet 1870, authentifie l'origine :

17. *La Meuse à Dordrecht.*
(Jongkind écrit Dortrecht.)

Une pièce extrêmement rare (o m. 23 × o m. 14) :
18. *Le Pont sur le canal.*

Chez A. Cadart (chez Ch. Delorière pour le quatrième état) et d'après un croquis fait sur place, le
2 mai 1868, une planche de 1875 (o m. 23
× o m. 14) :
19. *Démolition de la rue des Francs-Bourgeois-
Saint-Marcel.*

Une autre petite pièce (o m. 22 × o m. 14) et
rappelant un peu le motif de *Batavia*, éditée chez
Cadart et publiée en 1875, par *l'Illustration Nouvelle :*
20. *Canal de Hollande, près de Rotterdam.*

Puis, également éditée, du moins en troisième état, par *l'Illustration Nouvelle*, et aussi colorée que le tableau (signé : 3 nov. 76), d'après lequel elle est composée, une planche datée : 3 nov. 1878, où, sans littérature, il sait nous attendrir sur le convoi du pauvre (o m. 23 × o m. 14) :

21. *Sortie de la Maison Cochin.*

Deux pièces, vues et décrites par son ami, le critique d'art Louis de Fourcaud : *Un Site au bord de la Meuse* et un *Faubourg de Paris*, n'ont jamais été retrouvées. Avis aux chercheurs.

Les renseignements les plus précis sur les tirages de ces planches sont fournis dans les pages que le très expert et très artiste M. Loys Delteil a consacrées à Jongkind dans son premier volume du *Peintre graveur illustré.* Les plus belles épreuves, dont ne peuvent donner une idée les tirages ordinaires, peuvent être examinées chez M. Maurice Le Garrec, qui se fera un plaisir de les communiquer aux membres du Jongkind-Club. Il suffit d'avoir le privilège d'aimer notre maître avec passion pour être membre de cette Association.

VI

AQUARELLES

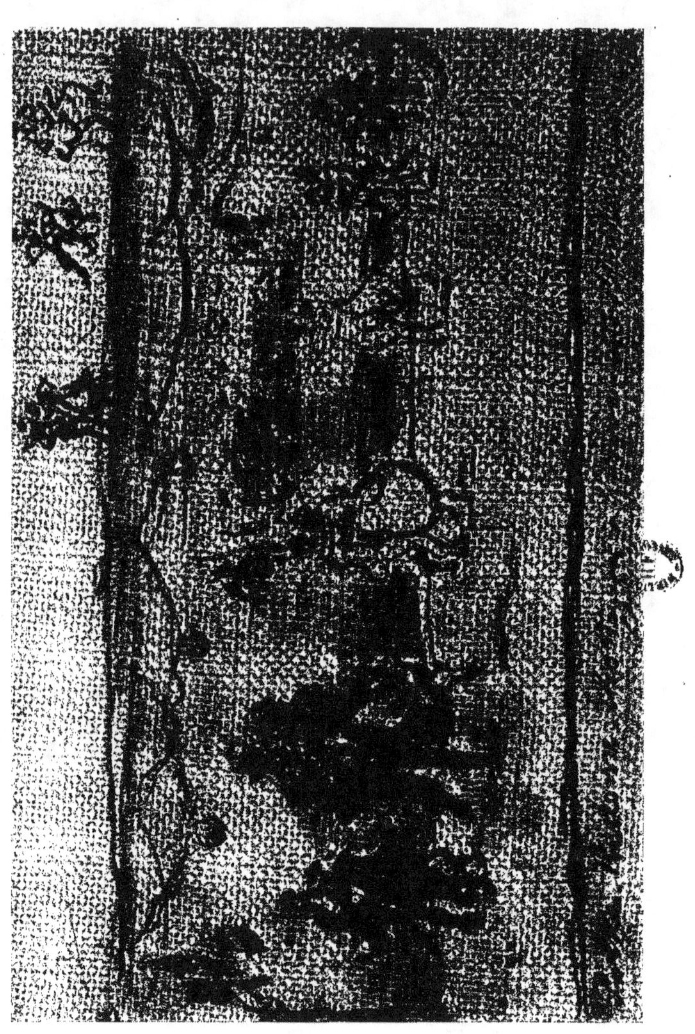

VI

AQUARELLES

La leçon de Jongkind contredit celle des spécialistes de l'aquarelle. On peut dire que pour faire
une aquarelle il faut faire exactement l'opposé de ce
qu'ils produisent et enseignent. Cette déclaration pourrait paraître paradoxale si elle n'avait pas pour garants
Turner, Jongkind, Cézanne, les trois maîtres en genres
si opposés de l'aquarelle, et les Japonais, ces techniciens
du lavis.

Les traités des professeurs et les catalogues des marchands recommandent pour l'aquarelle des papiers sur
lesquels il est impossible de faire probe besogne d'artiste.
Sur le pustuleux papier-torchon, dont l'épiderme
râpeux sert aux plus fallacieux cuisiniers pour imiter les
cailloux des terrains, le feuillage des arbres, la mousse
des rochers, l'herbe des prés et les poils de barbe, le

peintre le plus consciencieux ne pourra obtenir qu'une série de taches sans dessin. Il ne peut servir qu'à ceux qui font partie de ce que Ruskin appelle : l'Ecole du pâté informe, dont il dit : « C'est ainsi que les arbres sont ordinairement traités dans nos aquarelles. On ne peut plus reconnaître la nature de l'arbre, et l'ignorance la plus complète préside à son exécution. » *(Modern Painters,* vol. IV.)

Sir John Ruskin, bien qu'un peu bavard, savait tout de même ce que c'est qu'une aquarelle, grâce à Turner.

Sur ce canevas récalcitrant, vous n'obtiendrez aucune forme; il brise tout rythme et aveulit toute volonté. Un artiste qui se propose d'exprimer ce qu'il ressent, qui ne veut pas être esclave d'un procédé, répudiera cette spécialité abortive.

On prône aussi d'épais et solennels papiers anglais ou français sur lesquels les traits s'effritent et qui pompent la couleur avec avidité. A ces astucieux buvards qui absorbent la teinte et l'égalisent, le coloriste soucieux de se donner toutes les chances et d'assurer à son trait de la décision et à son coloris les ressources du dégradé préférera un papier lisse et mince sur lequel son crayon pourra courir et l'eau de son lavis stagner

quelques secondes en des petites mares où les jeux
du séchage répartiront la couleur en dosages infini-
ment variés.

L'aquarelliste n'est pas un laveur de plans d'archi-
tecture : il ne doit pas redouter l'inégalité de lavis, ce
qu'on appelle « les fausses teintes », capables, paraît-il,
de déshonorer les feuilles grand-aigle sur quoi s'élè-
vent les Parthénons reconstitués et les projets de ports
aériens.

Il doit, au contraire, jouer de ces « fausses teintes »
qui, par le mélange imparfait des éléments, assurent à
sa couleur un éclat qu'une teinte plate et unie ne peut
lui conférer.

Les Japonais répudient tout papier qui ne permet-
trait pas ces ébats de l'eau et de la matière colorante, et
le papier dont se servait Turner était si peu épais, qu'il
roulait ses aquarelles et les fourrait dans la poche de
son caban de maître au cabotage. Il lui répugnait d'être
pris pour un peintre.

Les spécialistes recommandent aussi un abominable
jeu de grattoir « pour ramener des blancs » et d'éponge
pour imiter les textures. Laissons ces peu appétissantes
pratiques aux pédicures.

Ruskin en avait déjà dénoncé l'horreur : « Sponging is barbarous; the pestilent habit of Sponging..., truc, dit-il, qui a presque ruiné notre école moderne de l'art de l'aquarelle. » *(Elements of drawing.)*

L'emploi de la gouache est rigoureusement interdit par les commandements de la religion aquarelliste. Les marchands de tableaux de Londres examinent soigneusement à la loupe les aquarelles que les artistes leur présentent, et, s'ils découvrent la moindre parcelle de cette matière réprouvée, ils n'achètent pas.

Certes, l'abus de la gouache peut alourdir une aquarelle, qui avant tout doit conserver sa transparence. Mais quand on constate le parti magnifique que Turner et Jongkind ont tiré de son emploi, on peut douter de la légitimité de cet ostracisme.

Il n'y a aucune raison de se refuser les ressources qu'assure l'usage intelligent de la gouache. Mêlée légèrement à la couleur, elle multiplie, dans une proportion considérable, non seulement les tons des teintes, mais encore les teintes elles-mêmes. Certains roses violacés des ciels de Turner, certains verts tendres des aquarelles dauphinoises de Jongkind, n'eussent jamais été obtenus sans l'usage d'un tantinet de gouache.

Comme en toutes choses, n'aimons pas à croire : examinons.

Le parfait aquarelliste doit, paraît-il, recouvrir de lavis toute sa feuille. Il ne doit laisser qu'un seul petit point blanc, le point lumineux qui sera le pied de l'échelle des valeurs ! Pour ménager cette réserve, le pauvre s'impose toutes contraintes[1]. Il ne pense qu'à la règle du jeu, ce qui l'empêche de jouer, toute sa volonté étant concentrée sur le sauvetage de ce malheureux point. Quels bénéfices peut lui procurer cette pénitence, sauf celui d'être accroché, en aristocratique compagnie, sur les lambris de la galerie Petit ?

Or, il n'y a pas de belles teintes à l'aquarelle si on ne fait pas jouer le blanc du papier, non seulement en transparence, mais en le ménageant, en proportions diverses, autour de chaque touche. Cet intermédiaire lumineux intensifie chaque teinte et l'harmonise avec ses voisines.

Deux teintes rapprochées se modifient par le contraste, avantageusement ou désavantageusement. Dans ce dernier cas, le blanc servira de passage préservateur.

[1] Stendhal ridiculisait ces réserves. Dans un fragment de Lucien Leuwen — supprimé le 22 juin 1835 — le général baron Térence (cinq pieds onze pouces, la tournure d'un paysan franc-comtois et l'air fort peu gracieux) dit au général inspecteur comte N. : « ...la plus belle femme de ma division : un port de reine, fraîche comme une pomme d'api, peignant l'aquarelle à ravir. Tenez, mon général, voilà un de ses ouvrages. Et le baron Térence alla décrocher une vue de la Grande-Chartreuse. Et tous les clairs réservés, ajouta-t-il en plaçant l'aquarelle devant les bougies.

« Le comte N. fut sur le point de lui rire au nez. »

Si l'on juxtapose, en les rapprochant jusqu'au contact, une touche de bleu et une touche de rouge, cette rencontre sera inharmonieuse. Si, entre ces deux teintes hostiles, on laisse un espace blanc, les deux couleurs s'accorderont en se dégradant chacune dans cette réserve, et leur intensité réciproque sera exaltée par le contraste de cette surface blanche. Ces jeux du blanc et des teintes sont toujours plaisants à l'œil.

Certaines teintes même ne conservent leur qualité que si elles sont environnées de blanc. Un jaune ou un orange perdent toute signification, toute force, si l'œil ne peut les comparer avec un blanc circonvoisin.

Contrairement aux règles, il ne faut pas craindre de laisser des vides.

Jamais, à l'aquarelle, un ciel pur et vide, complètement recouvert d'un lavis bleu, plus ou moins dégradé, ne sera œuvre de peintre. A l'huile, la lutte avec la matière peut, de cette rude besogne, faire une victoire; à l'aquarelle, c'est une erreur : ce froid travail d'architecte désolera votre œuvre.

Notez plutôt, par quelques teintes séparées, comment ce ciel se dégrade, de haut en bas, de gauche à droite; comment il contraste en clair ou en foncé avec les objets qui se détachent sur lui.

Ces quelques touches, si elles sont justes, tradui-
ront mieux votre impression de peintre qu'un pénible
lavis de bleu de cobalt. Et la proportion des parties
couvertes aux réserves ménagées, la justesse et les rapports des éléments que vous aurez choisis et exprimés
signifieront mieux votre volonté et votre personnalité
qu'un travail d'écolier. Et vous faites ainsi plus œuvre
d'art, en ménageant ces blancs, qu'en couvrant votre
feuille. Même un terrain n'a pas besoin d'être cou-
vert ; vous donnerez parfaitement son apparence de
solidité, si par dessus un dessin précis vous notez
quelques tonalités, justes de teintes, de rapport et de
qualité. Il ne s'agit pas d'établir l'échelle des valeurs,

comme à l'huile, mais de les suggérer par des équivalences.

Existe-t-il des ciels plus somptueux, des terrains plus solides que ceux qu'a magnifiés Cézanne sur une pauvre feuille de papier à peine couverte de vingt touches d'aquarelle, — vingt certitudes — vingt victoires, — mais au prix de quelle volonté ?

Les traités d'aquarelle présentent en planches coloriées des « modèles » du travail en exécution. La planche n° I, représente le premier état : un aspect fantomatique, sans forme ni couleurs, du motif choisi (la première couche). La planche n° II représente la deuxième partie du travail : quelques rehauts peu significatifs viennent s'ajouter aux « dessous », et alourdir et salir les teintes primitives : deuxième couche. La planche n° III, qui représente l'aquarelle terminée après la troisième couche, n'est plus, par la faute de ces reprises successives, qu'une masse informe d'objets non reconnaissables d'une teinte générale « tas de légumes pourris », laquelle, d'après Ruskin, est le pire état à quoi puisse atteindre une couleur.

Encore une fois, il faut prendre le contre-pied de cet enseignement. Il ne faut pas de travail à plusieurs degrés, il ne faut pas de dessous : il ne faut pas de couches successives. Toute teinte recouverte est plus ou moins flétrie. Les valeurs, de la plus claire à la plus foncée, seront établies du premier coup, et passeront directement de la palette sur le papier. Tout l'échantillonnage sera parsemé en touches juxtaposées et non superposées. Une jonchée de fleurs.

Les professeurs d'aquarelle, les purs, n'autorisent qu'une légère mise en place à la mine de plomb n° 3 qui devra disparaître complètement sous le travail du lavis et dont les dernières traces seront enlevées soigneusement à la mie de pain.

Or, les Japonais cernent toujours leurs contours d'un large trait synthétique à l'encre de Chine : Turner affirme ses contours à la sépia, au bleu d'outremer et même à la mine orange; Jongkind ne rehausse que de quelques teintes un dessin fortement indiqué au crayon noir, reprend ce trait et le précise au pinceau, introduit dans les surfaces vides tout un jeu de traits pour délimiter les espaces à colorer; Cézanne, des caresses de son crayon Conté, indique les contrastes, les modulations des volumes qu'il veut étudier. Choisissons notre enseignement : celui des maîtres ou celui des professeurs.

L'aquarelle n'est donc ni le sec lavis des architectes,

ni l'affreuse cuisine des roublards spécialisés. Il ne faut pas non plus lui demander plus qu'elle ne peut donner, ni attendre d'elle les ressources de l'huile.

L'aquarelle n'est qu'un moyen de notation, une sorte de memorandum, un procédé rapide et fécond, permettant à un peintre d'enrichir son répertoire d'éléments trop passagers pour être fixés par le procédé lent de la peinture à l'huile.

Un ciel nuageux est un ensemble magnifique mais qui se déforme perpétuellement. Si l'on ne peut fixer rapidement une des minutes de cet ensemble, la beauté de l'ordonnance échappe et l'on ne recueille que des éléments épars de l'éphémère construction : des matériaux au lieu de la cathédrale.

Une preste mise en place au crayon, rehaussée de quelques touches d'aquarelle, fixera la construction, le mouvement, les rapports colorés de cet ensemble : tandis que le peintre à l'huile, empêtré dans sa pâte, en sera réduit, sauf l'exception du génie, à quelques taches informes et cahotantes de blanc ou de gris.

Un yawl louvoie, forte brise, gros clapotis. En quelques traits et quelques touches l'aquarelliste pourra noter le faseyement des focs pendant les virages, l'inclinaison de la grand'voile sous les risées, la gîte de la coque, l'em-

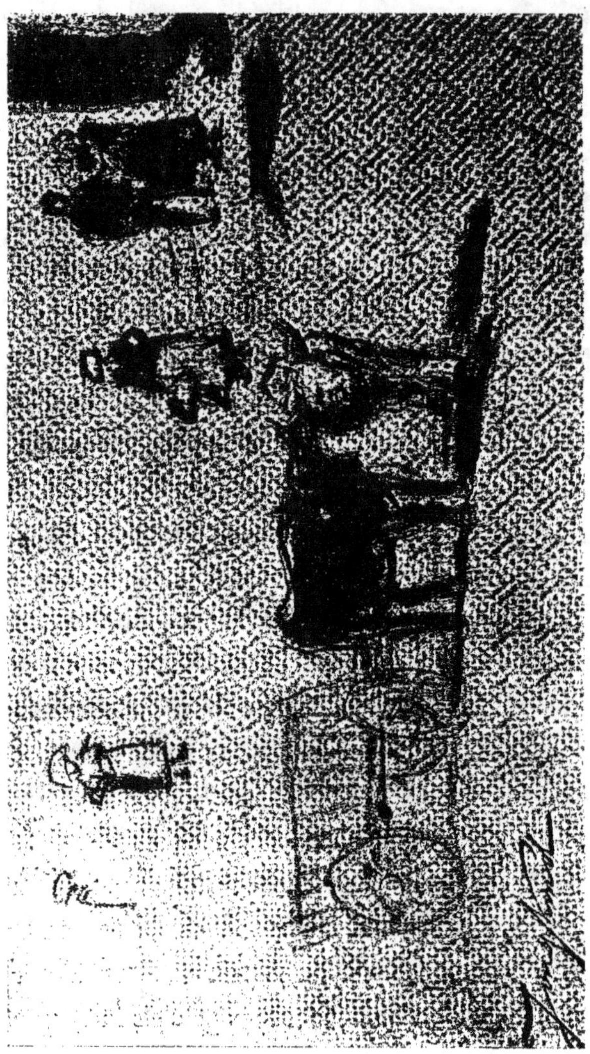

brun capelant l'étrave, tandis que le peintre à l'huile ne pourra triturer qu'un vague cafouillis où souvent les focs seront à l'arrière et le tapecul devant.

La peinture à l'huile demande un travail permanent devant un motif permanent. Elle a des exigences qui restreignent le répertoire en privant le peintre des ressources de l'instantané. La matière s'y oppose. Si sa toile est déjà couverte, il ne pourra y introduire le « divin imprévu » sans dommages matériels : sur le vert émeraude, encore frais, de sa mer, il ne pourra piquer le rouge de la voile qui surgit ; au lieu de cette chatoyante harmonie de complémentaires, que lui offre la nature, il n'introduirait sur sa toile, par suite du mélange de pigments contraires, qu'une souillure inopportune.

Dans ces notations rapides, l'aquarelliste ne risque pas d'insérer des éléments faux et contradictoires qui nuiraient à l'ensemble. Il peut éviter les pièges que tend la nature en présentant une succession infinie de solutions, tandis qu'il n'y en a qu'une seule, au problème proposé. La rapidité de l'exécution, l'exiguïté du format l'empêchent aussi de s'encombrer de détails qui viendraient figer la sensation.

La nature est contre le peintre à l'huile : le baromètre, le thermomètre se liguent contre lui; le froid le chasse, le vent renverse son chevalet, la poussière, la pluie souillent sa palette; la mer se retire : là où il y avait une belle coque flottant sur de l'eau bleue, une demi-heure après il n'y a plus qu'une épave, tristement couchée sur la vase.

L'aquarelliste, lui, peut noter tout ce qui passe, tout ce qui vient introduire la vie et la variété dans le motif permanent. Son matériel simplifié lui permet de triompher des éléments et de noter, même dans les conditions extérieures les plus défavorables, les effets les plus fugitifs.

A l'atelier ensuite, il pourra, en luttant à son gré avec la matière grasse et souple de la couleur à l'huile, développer l'éclat et la splendeur des spectacles dont il a enregistré l'ordonnance générale et les éléments constitutifs.

Cette lutte avec la matière exige un long travail, des reprises, qui ne peuvent, si l'on possède un métier sûr, qu'améliorer l'ouvrage : une pomme de Cézanne s'embellit à chaque séance. Tandis que l'aquarelle est un travail de premier jet qui ne peut être repris : à la seconde séance, l'effet est changé, la sensibilité n'est plus la même, et il y a grande chance de perdre et de gâcher les avantages acquis à la première. Jongkind n'a jamais repris une aquarelle.

Si une peinture à l'huile peu couverte est une faiblesse, une aquarelle trop chargée est une erreur. La peinture à l'huile est une lutte sévère; l'aquarelle n'est qu'un jeu folâtre.

Ce qu'il ne faut pas faire nous est donc indiqué par les règles absurdes des professeurs, qui n'ont même pas la raison d'être de celles des Trois Unités ou des Traités de versification, car elles n'ont jamais donné le moindre résultat. Ce qu'il convient de faire nous est enseigné par les œuvres des véritables maîtres de l'aquarelle : Turner, Jongkind, Cézanne.

C'est en appliquant des principes communs, dont leur génie de peintre a reconnu l'excellence, qu'ils sont parvenus, par une technique similaire, à exprimer ce qu'ils ressentaient si différemment. Vers des buts opposés, ils emploient presque les mêmes moyens.

De l'idéaliste Turner, l'aquarelle est une composition, en laquelle il réalise son rêve passionné de couleur et de lumière.

Du réaliste Jongkind, l'aquarelle est une notation, dont il enrichit son répertoire de nature et de mouvement.

De l'analyste Cézanne, l'aquarelle est une expérience de laboratoire, où il décompose les rapports et les passages des éléments pour reconstituer la modulation picturale de ses volumes.

Mais, chez tous trois, aussi bien dans le poème de Turner, la prose de Jongkind et la nomenclature de Cézanne, les mêmes préoccupations techniques, les mêmes leçons.

Chez Jongkind, c'est une parfaite proportion d'analyse et de synthèse, de passion et de logique, de primesaut et d'ordonnance. Comme métier, les moyens les plus simples, où jamais la sensibilité ne cède à l'adresse.

En touches allègres, il reconstitue l'univers. Son répertoire est aussi vaste que celui d'Hokousaï.

Et pour mener à bien cette tâche, il n'a qu'une
feuille de papier, un crayon et une petite boîte de couleurs à l'eau.

Son papier doit lui obéir. Pas de papier d'aquarelliste qui pourrait l'asservir : un papier de Hollande très
légèrement vergé ou un papier Canson lisse, du papier
d'écolier et même du papier à lettres quadrillé. En un
moment de pénurie de matériel, à la Côte-Saint-André,
il usera quelque temps d'un papier un peu jaunâtre.
Sauf cette exception, toujours son papier sera bien
blanc, afin de donner aux teintes, par transparence, leur
maximum de luminosité, et, par contraste, leur maximum de saturation ; il devra permettre toujours, pour
sa chasse rapide à l'effet, à la forme, une course rapide
de son crayon.

Ce crayon sera d'abord un crayon fluet à la mine
de plomb, aux premières années de Hollande et de
Paris ; puis une mine noire plus grasse et plus noire
remplacera cette matière un peu mince.

Sa boîte à couleurs-palette ne contient que douze
cases dans lesquelles il dispose :

Un vert : cendre verte ou vert Véronèse ;

Deux bleus : de cobalt et de Prusse;

Cinq jaunes ou orangés : cadmium citron, cadmium foncé, laque jaune, ocre jaune, rouge de Saturne;

Deux rouges : vermillon, laque capucine;

Une teinte neutre : sépia;

Un blanc : gouache.

Cette palette où dominent les teintes chaudes a peu varié. Dans celle des temps de Honfleur ou d'Anvers, entrèrent une ou deux teintes terreuses de plus : brun Van Dyck ou terre de Sienne, remplacées à la Côte par des teintes plus pures.

Muni de ce matériel peu encombrant, son carton et

son pliant sous son bras, sa boîte à aquarelle et sa bouteille à eau dans les poches de son veston, roulant son
crayon entre ses doigts nerveux, l'œil fureteur sous les
bords de son chapeau déformé, Jongkind va. Il arrive
sur les lieux de chasse ; il s'arrête, fait son tour d'horizon,
examine, repère, fait quelques pas à droite, à gauche,
en avant, en arrière. Sa mise au point achevée, il ouvre
son pliant, son carton, aiguise son crayon, et le jeu
commence.

1° En quelques lignes courbes, d'un jet rapide il
fixe sa mise en place et les apparences. Sur le
papier bien lisse le crayon court librement, ralentissant,
appuyant sur les objets principaux. Le décor est planté.
Du plat du crayon il frotte les volumes les plus foncés
et masse les ombres principales.

2° Vite, de peur que l'effet ne dure pas, il ouvre sa
boîte à couleurs, et, d'un pinceau aussi preste que son
crayon, il indique d'abord en larges touches les localités les plus importantes et arrête en hâte l'effet
général... On ne sait pas ce qui peut arriver.

3° Puis, si les circonstances s'y prêtent, d'un trait
coloré, au pinceau — de sépia le plus souvent, quelquefois de la couleur locale ou de la couleur dominante —
il reprend tout le dessin, l'accentuant, ajoutant à ses

premières indications des détails propres à caractériser et varier l'objet. Tout un jeu de signes nouveaux et appropriés qui complètent la documentation et ornent la feuille.

Ce trait lui sert aussi à introduire et à délimiter, dans les surfaces dépourvues de variété objective, des plans colorés afin d'éviter le vide de grands aplats.

4° Puis, s'il a le temps, ce qu'il vient de faire pour la précision de la forme, il le fera pour la précision de la teinte, renforçant sa première polychromie par la juxta-position de nouvelles touches plus menues dans les espaces libres.

Puis il s'arrête, victorieux ou trahi par le modèle; mais rarement il se laissera prendre par la lassitude : il sait qu'un moment de faiblesse et l'insertion d'un élé-ment faux peuvent tout compromettre. Il vaut mieux laisser un vide que d'être faible ou lâche en le rem-plissant d'un bouche-trou, ou en se contentant d'un à peu-près. Il sait s'arrêter : il y a peu d'exemples qu'il ait gâché son ouvrage.

Ces quatre opérations, il les répètera toute sa vie, variant simplement leurs proportions réciproques, suivant les circonstances de temps et de lieu et selon qu'il attache plus d'importance à la forme ou à la couleur.

Quel que soit le moment où il s'arrête, la tâche
est accomplie, et le résultat parfait ! c'est un « état »
qui pourrait être plus poussé, mais à qui il ne manque
rien, et où il n'y a rien de trop. Jamais de bavardage ;
il est concis et net comme Stendhal. Jamais d'affectation. Tout porte.

Ce croquis schématique ci-dessus de l'entrée du
port de Honfleur — recherche pour l'eau-forte et résumé
de tant d'études du même motif —, où en une vingtaine de traits il fixe l'hydrographie et le trafic de ce
port, est dans sa concision un « état » aussi parfait que
l'est, dans sa précision, le dessin fouillé du bassin de

Rotterdam, où cent vingt-cinq fenêtres sont minutieu-
sement étudiées et largement exprimées (p. 123). Exa-
minez-les à la loupe, il n'y en a pas deux pareilles.
Quelques traits de plus dans le premier, quelques traits
de moins dans le second, et l'équilibre serait rompu.

S'il sait s'arrêter à temps, il sait aussi, quand il le
veut, ne pas s'arrêter trop tôt — ce qui est plus facile
que de « pousser » son ouvrage —. Dans ses aquarelles
les plus travaillées, les détails sont fouillés, le caractère
de chaque objet précisé, sans nuire à la grandeur, à la
simplicité de l'ensemble. Il complète, sans tomber dans
la minutie. Cette multiplication de petites touches gouachées, dont il use pour préciser les formes et les couleurs
locales, ajoute à l'œuvre des éléments de vie et de beauté.

Si quelquefois une aquarelle est plus lourde, trop
objective, c'est qu'il s'est laissé entraîner par le besoin
d'avoir un document plus précis pour son travail à l'atelier. C'est encore un souci de peintre qui lui a fait,
pour une fois, oublier que l'art n'est pas l'exactitude,
mais une façon de penser et de s'exprimer, et que la
réalité ne saurait prétendre à asservir l'artiste.

De même que son horizon n'est jamais une ligne
horizontale, les lignes de direction d'une rue, d'une
route, ne seront jamais des lignes géométriques, dirigées

d'un seul jet sur le point de fuite conventionnel. Répudiant toute ligne sèche et mécanique, il jouera d'une série ondoyante de petites lignes entrelacées, dirigeant peu à peu leur rythme serpentin vers le courbe horizon. D'ailleurs Jongkind, comme Turner, maniait à son gré les lois de la perspective. S'il dessine une rue, il ne se croit pas condamné à rester immobile à l'endroit où il a commencé son travail. Il n'hésite pas, après avoir, du trottoir droit de la rue, dessiné les bâtisses du côté gauche, à traverser la rue pour dessiner les bâtisses du côté droit. Il évite ainsi les déformations trop anguleuses d'une perspective scientifique et la régularité trop symétrique qui s'imposerait s'il se plaçait au milieu de la rue. Et il double ainsi sa récolte de portes, de fenêtres, de cheminées et d'enseignes.

Ayant ainsi planté son décor, il y introduit tout ce charmant petit peuple qui vit, qui circule dans son œuvre de tendresse et de simplicité : ces marins, ces charretiers, ces paysans, ces balayeurs, ces patineurs; ces bœufs, ces chevaux, ces chèvres ; toute cette gentille humanité qu'il a fréquentée; toutes ces innocentes bêtes qu'il a caressées.

De son crayon, de son pinceau, de sa pointe de

graveur, il les pique dans son œuvre. D'un trait défi-
nitif, d'un rehaut de teinte, il les fixe dans leur vie, il les
montre dans leur intime essence, dans leur mouvement,
avec tout ce qui les caractérise, tout ce qui les fait
aimer, sans une hésitation, sans une retouche.

Il s'amuse toujours à transcrire en caractères embellis
mais très lisibles, les lettres de toutes les affiches et
enseignes, qui enjolivent les rues de ses villes, les carre-
fours de ses villages : depuis le grand placard de la rue
des Francs-Bourgeois-Saint-Marcel, « Fabrique de cuirs
Forts », jusqu'à l'enseigne de la « Droguerie » de la rue
Caretterie à Avignon, que l'on peut voir encore telle
que Jongkind l'a vue. Avec quel soin il recopie, au bas
de sa feuille, cette déclaration murale : « La maison N'est
Pas au Coin du Quai », qu'il n'a pas eu la place d'inscrire
intégralement sur le pan de mur de son croquis de la
rue Saint-Jacques, le 5 juin 1922. Il n'oublie pas non
plus d'écrire en grosses lettres et en plein ciel « Distilla-
teur », enseigne que la perspective ne lui a pas permis
de dessiner lisiblement au-dessus de la boutique de cet
industriel.

Volontiers il griffonne sur ses feuilles des notes
manuscrites : observations d'effets et de couleur qu'il
n'a pas eu le loisir de traduire plastiquement, ou simples

la Chapelle appartenant
a la Comtesse d'Armaillé
ici Repose
Félicie Vaudaine
née Desplagnes Décédée
a l'age de 42 ans à Bolbec le 4 mai 188.

renseignements (adresses, comptes, menus même) qu'il n'hésitera pas à installer au milieu du rectangle. C'est ainsi qu'il consigne le nom « M. Pion », de son nouvel ami le roulier (12 novembre 1881) ou l'épitaphe « Félicie Voudaine », d'une inconnue (1886, p. 126).

Il ne manque presque jamais d'inscrire au bas du motif qu'il vient de dessiner la date complète, jour, mois et année, et l'indication précise du site. Il aime écrire : sur une aquarelle de Nevers, il dessine le nom de cette ville, en énormes lettres ornementales, qui occupent une grande partie de la feuille.

C'est que dans la fougue de sa chasse, dans l'amusement de son travail, il se soucie peu de la destinée marchande de son ouvrage. Souvent, plus économe de son papier que de son génie, il n'évite pas d'aquareller sur les deux faces de sa feuille : et l'œuvre du verso est presque toujours aussi importante que celle du recto. Quelquefois plusieurs aquarelles s'enchevêtrent sur la même page.

Souvent aussi, le dessin ou l'aquarelle sera en plusieurs morceaux qu'il faudra rapprocher, ou percé par les fils du brochage, quand il aura mis en place son motif sur les deux feuilles de son album ouvert.

Jamais il ne s'astreint au format d'une feuille de

papier. Il le raccourcit, l'allonge à son gré, délimitant d'un trait volontaire le rectangle adopté.

Souvent dans un coin resté libre, en plein ciel quelquefois, au-dessus d'une cheminée, ou perché sur une branche, il fixe un personnage (pl. 39) ou un animal apparu au cours du travail et qu'il n'a pu introduire à sa place exacte, occupée déjà par une teinte sur laquelle il ne veut pas revenir. Ces fantaisies qui nous charment n'ont pas l'agrément des marchands et déplaisent aux « véritables amateurs ».

La technique des aquarelles de Jongkind a peu varié. Hésitante pendant les premières années, elle arrive vite à la parfaite sûreté, pour s'y maintenir, sans déclin, jusqu'aux dernières.

Les aquarelles du vieillard de la Côte Saint-André sont peut-être plus jeunes que celles du début, et, quoi qu'en dise la rue de la Boétie, les sites dauphinois valent les marines de Honfleur.

De 1838 à 1843, un peu architecturales au début, elles se précisent et s'améliorent. De cette époque date une série de pages d'album d'assez grand format : trait à la sanguine, qui semble un décalque; lavis à la sépia remplissant les surfaces délimitées par les traits;

clair-obscur délibérément établi. Ces pages évoquent les gravures du *Liber Veritatis* et du *Liber Studiorum*.

Bientôt le dessin devint plus souple, plus volontaire, le trait plus incisif. Il le rehausse d'un lavis sommaire. Et c'est déjà le mode de notation qu'il perfectionnera dans la suite. Pour le moment il l'emploie à fixer les caractéristiques du paysage hollandais : canaux, moulins, bateaux.

C'est donc bien armé qu'en 1846 il arrive à Paris pour compléter son éducation auprès d'Eug. Isabey, dont les marines attirent cet ami des bateaux et du vent.

Ses premières études des motifs de Paris et des

paysages de France, d'un trait précis à la mine de plomb, avec leur léger frottis d'ombres et leurs teintes plates, sont plutôt des dessins rehaussés que des aquarelles.

Vers 1850, toute une série des quais et des monuments de Paris, où le dessin s'élargit, où la coloration s'intensifie, où la lumière est mieux distribuée. C'est la meilleure période de pure analyse. Aucune recherche n'a été inutile, aucun effort n'a été vain. Tout est en germe. Mais la libre traduction en signes synthétiques n'existe pas encore.

Après la fuite désespérée en Hollande, au retour à Paris, en 1860, dans la tranquillité relative où se trouve Jongkind sous la tutelle maternelle de Mme Fesser, tout se développe magnifiquement, et dès 1863, sur les motifs de Honfleur, d'Anvers, de Rotterdam, des environs de Paris, commence la plus belle série d'aquarelles qui soit au monde. Le trait à la souple mine noire a atteint son maximum d'expression, la couleur toute son harmonie, toute sa signification.

En 1866, sur l'Escaut, accaparé par le tumulte du fleuve plus que par la couleur, il intercale une série où le dessin domine les teintes. Le trait est plus accusé : il le reprend, l'accentue, le complète à la sépia. Il se contente d'un rehaut de couleurs : les valeurs seront indiquées par un frottis de crayon simplement rehaussé, d'une couleur locale plutôt que par un jeu de teintes. De cette période, des sépias pures, traits et lavis, aussi lumineuses que des aquarelles.

Et pendant une vingtaine d'années, la puissante série d'aquarelles va continuer, sans évolution sensible, sur des motifs de Paris, du Nivernais, de la Méditerranée, de la Provence, de la Suisse et du Dauphiné.

Toutefois, dans les traits au pinceau, dont il use pour préciser son dessin, peu à peu la sépia sera remplacée par une couleur moins terne : soit la couleur locale de l'objet dont il veut accentuer les formes, soit la couleur dominante de l'effet.

Devant ce ruisseau gelé d'une rue de la Côte-Saint-André, sous la neige, le 1er janvier 1885 (c'est par cette offrande à la nature qu'il commence l'année), il sent que le trait brun de sépia risque d'altérer son effet, et c'est d'accents délibérément bleu-vert, de la couleur glaciale du ruisseau, qu'il renforcera le dessin. Et il complètera l'harmonie générale, en usant de la même teinte pour inscrire la date en signes mirifiques (pl. 59).

Désormais, il jouera souvent de cette ressource. Et dans les dernières aquarelles, par besoin de pureté, le trait à la sépia disparaît remplacé par un trait de teinte pourprée.

Plus il avance, plus le souci de coloration le tourmente. Le trait au crayon diminue d'importance. Plus de dessins rehaussés, mais de pures aquarelles. Ce besoin de couleur lui fait employer davantage les ressources de la gouache qui multiplie les tons et les teintes. Plus de lavis, ni de teintes plates. Du bout du pinceau, aussi acéré que son crayon, un jeu de petites touches multicolores, plus ou moins gouachées, juxtaposées ou s'entrelaçant. La couleur s'est morcelée comme le trait.

Car, pendant cette période, le trait coloré au pinceau n'est plus le trait aigu et pénétrant du temps de Honfleur, d'Anvers et de Paris. Il s'insinue en ondulant au lieu de foncer. Il semble trembler un peu : vieillesse, alcool?... Mais nulle faiblesse; car ce qu'il semble perdre en décision, il le gagne en souplesse et en variété, et le dessin s'accorde davantage avec la couleur également plus rompue. Comme pour le trait zigzaguant du Poussin... volonté esthétique ou maladie de cœur, tremblement sénile, qui sait?

D'ailleurs, quand il a besoin de préciser, il le fait encore en hiéroglyphes magnifiques, qui suggèrent plus qu'ils n'imitent, vieux peintre qui se joue des précaires réalités et qui les dépasse : il analyse moins ; il ne songe plus à se documenter pour des œuvres à peindre à l'atelier. Il s'amuse. Le ciel et le terrain deviennent de purs joyaux. L'horizon s'arque davantage ; les lignes serpentent plus délibérément. Plus d'angles : tout devient « courbes » dans des entrelacs indissolubles de formes et de teintes.

Il s'ébat en toute liberté, comme Turner. Les dernières aquarelles de la Côte-Saint-André rappellent les « passes » alpines et les vignettes coloriées du londonien pour les illustrations des poèmes de Rogers.

Le vieux prosateur a rejoint le vieux poète dans un couchant de lumière et de couleur :

« Tonnerre et rubis aux moyeux ».

Mieux que tous ces mots, les reproductions de cet ouvrage renseigneront sur la force et la variété de l'art de Jongkind. Si elles sont privées de l'agrément de la couleur, leur format peu réduit permettra de déchiffrer la beauté des signes.

La plus belle leçon d'aquarelle que l'on puisse

prendre, c'est d'aller au Louvre, un matin, de monter
à la collection Camondo, de tourner les volets du
tourniquet où sont présentées quelques-unes des plus
belles aquarelles de Jongkind de différentes époques,
puis de les comparer avec celle de Cézanne accrochée
au mur. A toute âme sensible aux formes et aux couleurs seront révélées les beautés et les règles de cet art
charmant.

Mais il ne suffit pas d'admirer en Jongkind le peintre;
il faut aimer comme un ami l'homme tendre et malheureux qui, malgré ses souffrances, ne nous a légué
qu'une œuvre de sérénité et de force.

LX AQUARELLES

DE

JONGKIND

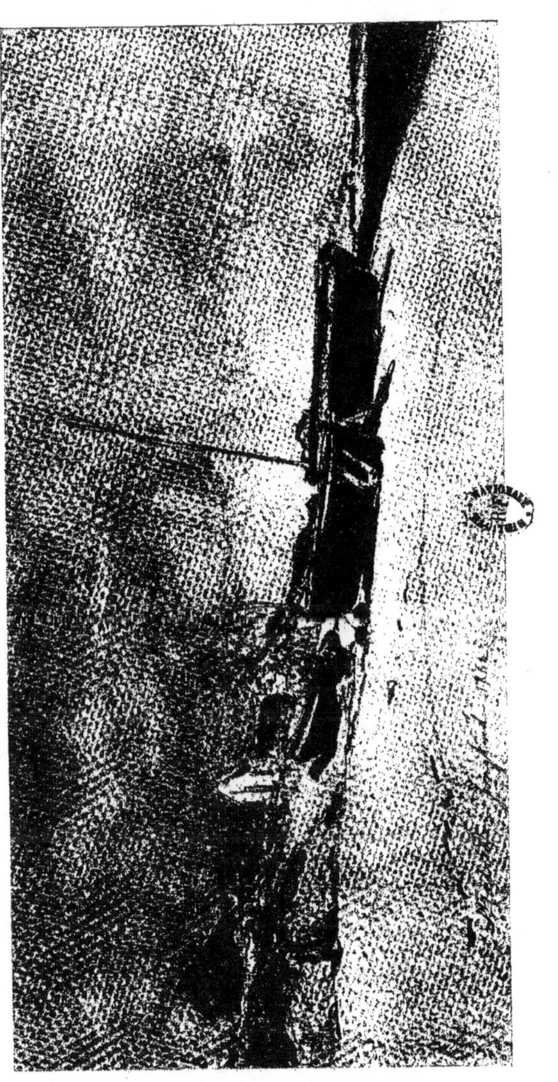

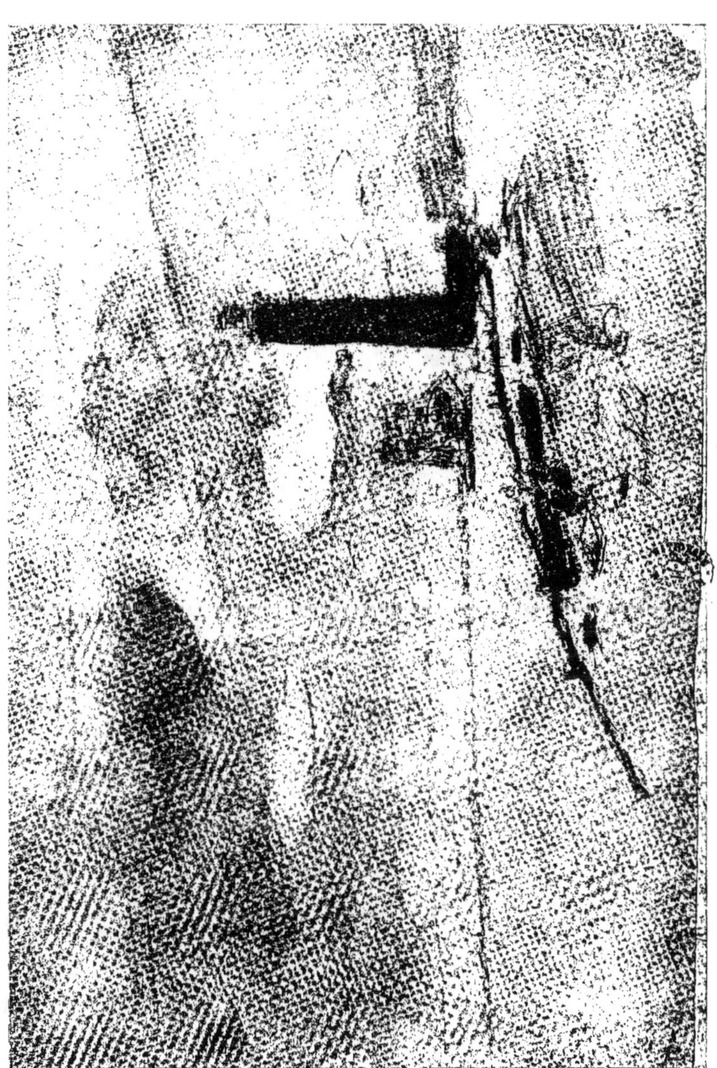

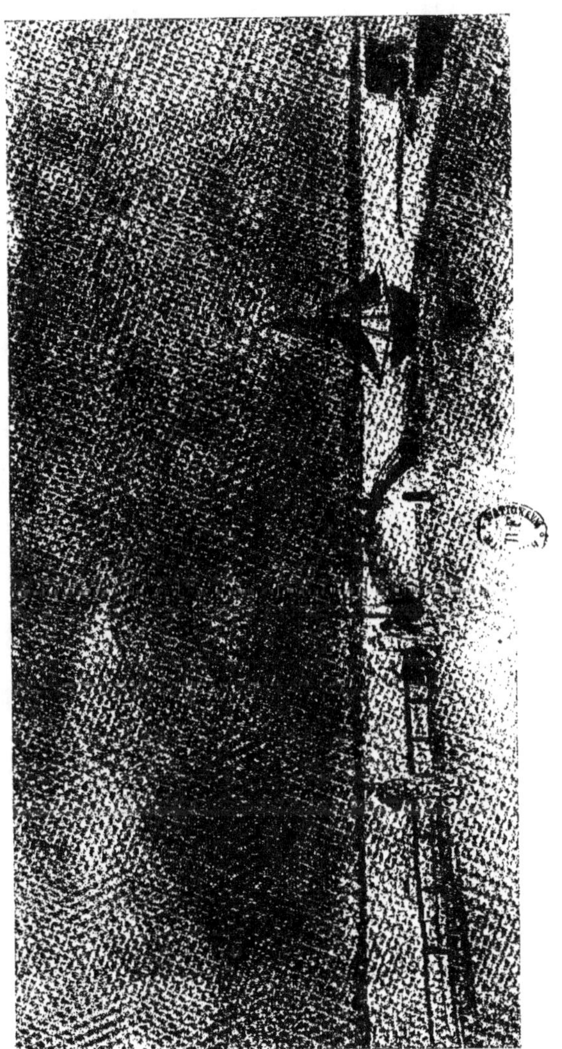

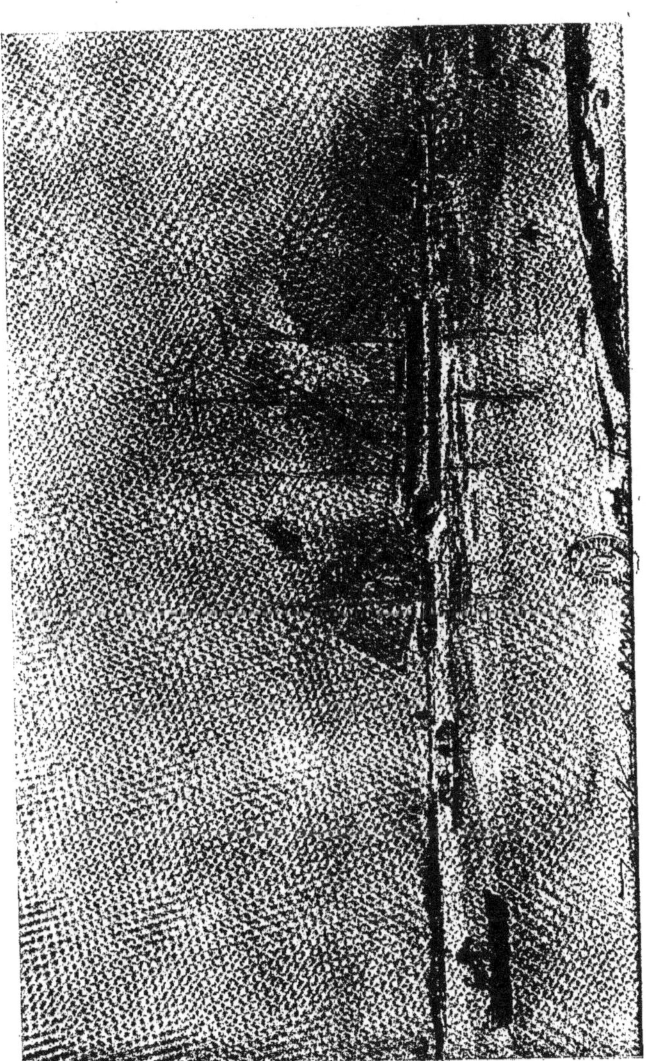

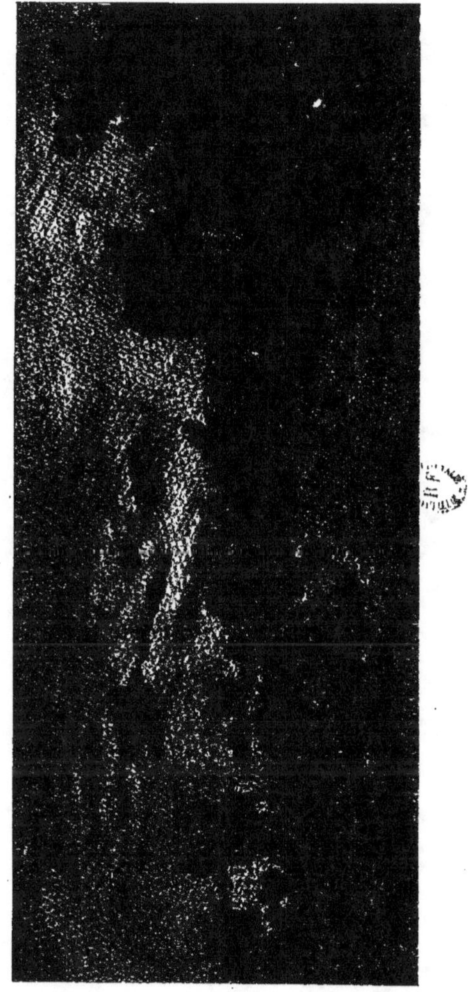

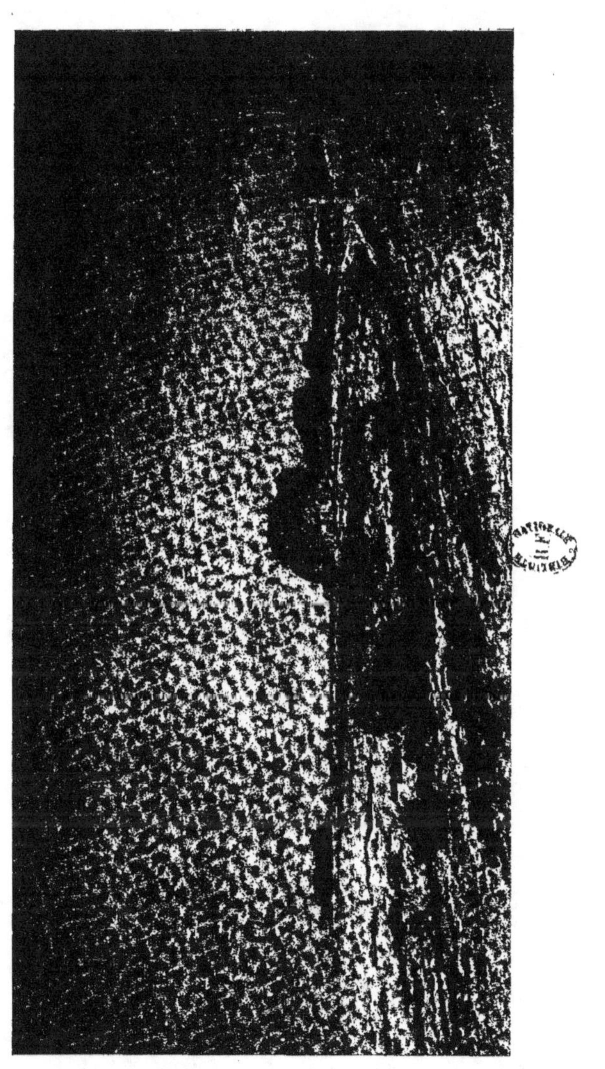

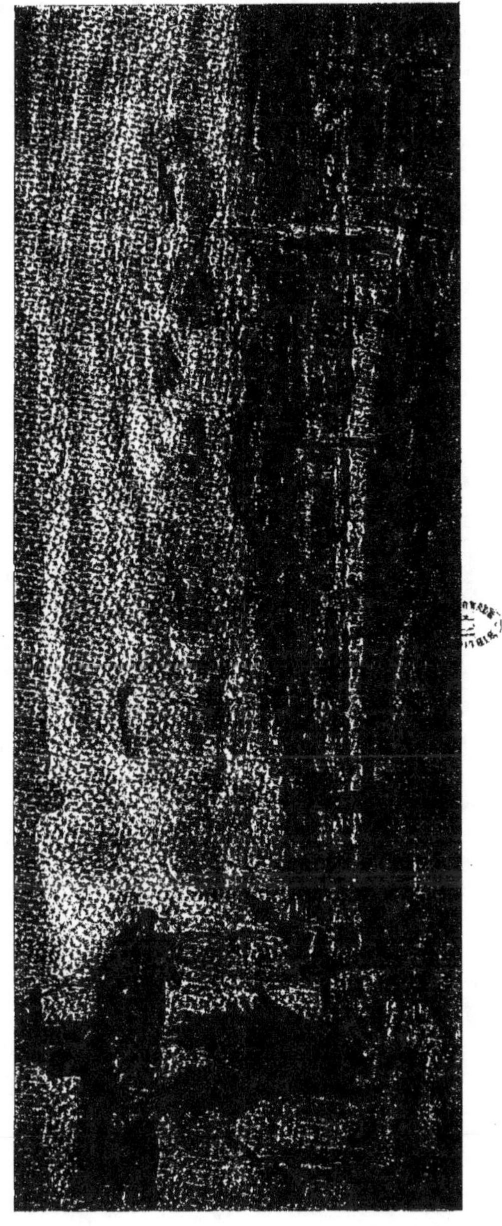

BIBL... [library stamp]

XXI EAUX-FORTES

DE

JONGKIND

Cahier
de Six Eaux fortes
Vues de Hollande
par Jongkind
Paris 1862

Imp. Delâtre

Souvenir d'amitié a monsieur Toureaux
Paris le 4 Janvier 1883. Jongkind —

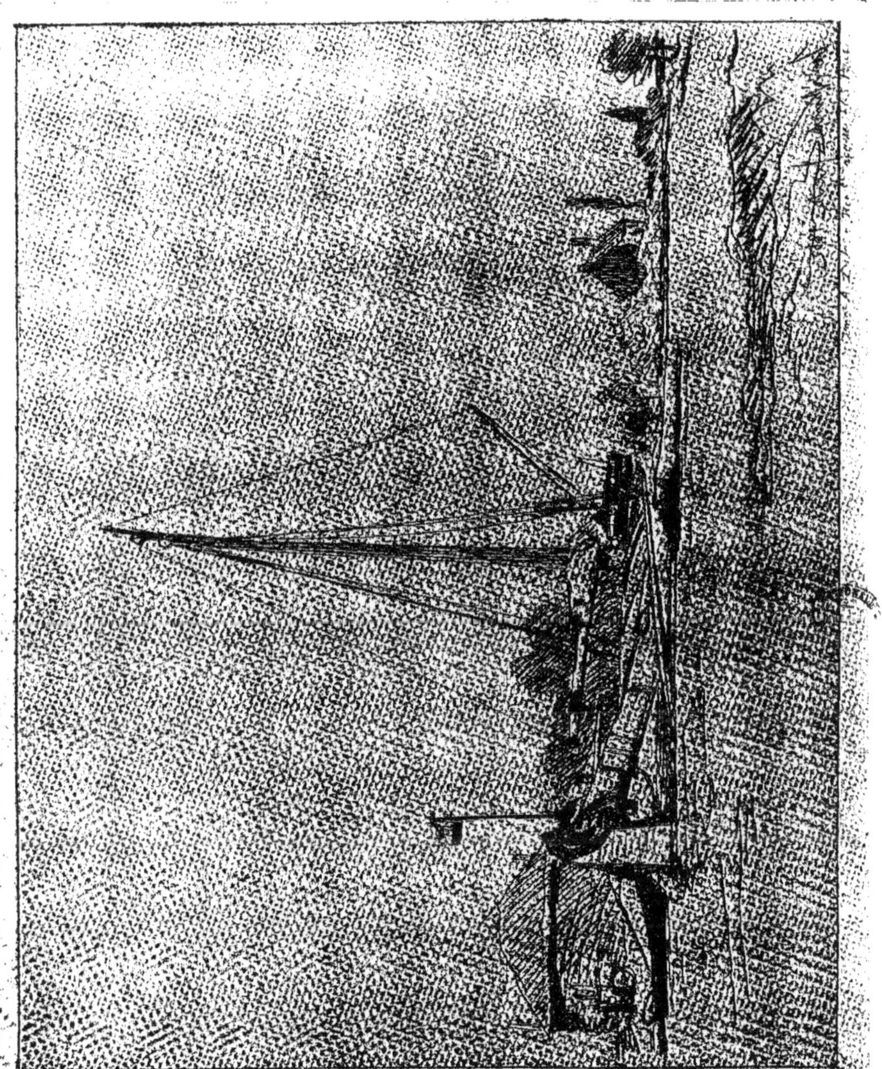

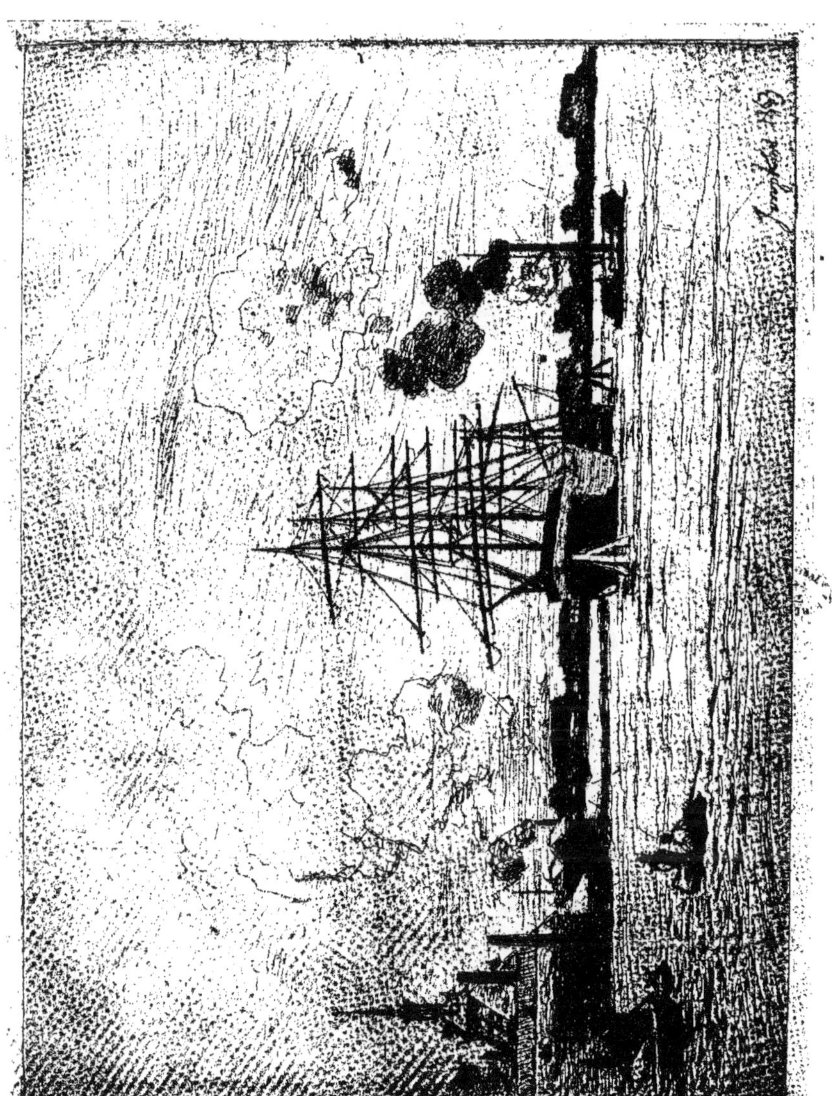

ENTRÉE DU PORT DE HONFLEUR.

JETÉE EN BOIS DANS LE PORT DE HONFLEUR

DÉMOLITIONS DE LA RUE DES FRANCS-BOURGEOIS SAINT-MARCEL

A. CADART Édit. Imp. Rue des Mathurins 38 Paris

TABLE DES ILLUSTRATIONS

DANS LE TEXTE

	PAGES
Portrait et Autographe de Jongkind 1875	8
Dessin, Honfleur 1865	11
Dessin, Honfleur 1863	17
Aquarelle, Nevers 1874	20
Aquarelle, Saint-Eloi 1874	21
Aquarelle, Pupetière 1876	26
Aquarelle, Nevers 1871	30
Dessin, Jongkind par lui-même	32
Aquarelle, Nevers 1874	34
Aquarelle, Nevers 1874	35
Dessin de jeunesse	38
Aquarelle, Nevers 1871	41
Dessin, Paris	46
Dessin, Rotterdam 1867	48
Aquarelle, la Côte-Saint-André 1881	50
Aquarelle, Nevers 1871	53
Dessin	55
Dessin, Honfleur 1865	57

Dessin 58
Dessin 60
Dessin 63
Aquarelle, Nevers 1871 67
Dessin, Paris 1860 68
Dessin 70
Aquarelles (fragments), Balbins 1888 74
Dessin de jeunesse. 76
Dessin 79
Aquarelle (fragment agrandi de la planche 20) 81
Aquarelle (d'après de Neuville), la Côte-Saint-André 1884 . . 83
Aquarelle (d'après Louis Garneray) 86
Dessin, la Côte-Saint-André 1880. 88
Eau-forte de Rembrandt 91
Dessin, le Havre 1865 97
Aquarelle, la Côte-Saint-André 1879 100
Aquarelle, Nevers 1873 104
Aquarelle, Nevers 1874 108
Aquarelle, Nevers 1871 112
Aquarelle, Nevers 1871 115
Aquarelle, Grenoble 1873 118
Croquis pour l'eau-forte, Honfleur 1863 121
Aquarelle, bassin de Rotterdam 1868 123
Croquis et Autographe (verso de l'aquarelle 60), Balbins 1888 . 126
Aquarelle, Dijon 1874 129
Aquarelle 132
Aquarelle, Nevers 1871 135

AQUARELLES

Frontispice, HONFLEUR.   1863
   1. MOULIN EN HOLLANDE.   1860
   2. ROTTERDAM.   1861
   3. SAINTE-ADRESSE.   1862
   4. SAINTE-ADRESSE.   1862
   5. HONFLEUR.   1863
   6. HONFLEUR.   1863
   7. HONFLEUR.   1864
   8. SORTIE DU PORT DE HONFLEUR.   1864
   9. VILLERVILLE.   1864
  10. VILLERVILLE.   1864
  11. HONFLEUR.   1864
  12. HONFLEUR.   1864
  13. HONFLEUR.   1865
  14. L'ESCAUT A ANVERS.   1866
  51. ANVERS.   1866
  16. ANVERS.   1866
  17. CANAL EN HOLLANDE.   1867
  18. CANAL EN HOLLANDE (Musée du Louvre, collection
       Camondo).   1867
  19. ANVERS.   1867
  20. ANVERS.   1867
  21. ANVERS.   1867
  22. LE PONT NOTRE-DAME, A PARIS (Musée du Louvre, collec-
       tion Camondo).   1868

23. Le Chaland sur un canal (Musée du Louvre, collection
     Camondo).   1868

24. Saint-Cloud.   1868

25. Pantin.   1868

26. Bercy.   1868

27. La Seine a Argenteuil (Musée du Louvre, collection
     Camondo).   1869

28. Bateau de foin sur la Meuse a Dordrecht (Musée du
     Louvre, collection Camondo).   1869

29. Dordrecht.   1869

30. Hollande.   1869

31. Bords de la Loire.   1870

32. Canal en Hollande.   1870

33. Nevers.   1871

34. Rotterdam.   1872

35. Paris.   1872

36. Marseille.   1873

37. Marseille.   1873

38. Saint-Eloi.   1874

39. Le Drac.   1874

40. Coucher de soleil.   1875

41. Paris, rue de Picpus.   1875

42. Pupetière. Isère.   1875

43. Chateau d'Epinay. Isère.   1877

44. Pupetière. Isère.   1877

45. Ornacieux.   1879

46. La neige a la Côte-Saint-André.   1880

47. Avignon.   1880
48. La Tour de Ville : Narbonne (Musée du Louvre, collec-
      tion Camondo).   1880
49. Marseille.   1880
50. La Ciotat (Musée du Louvre, collection Camondo).   1880
51. Dauphiné.   1881
52. Attelages.   1881
53. Le Drac.   1882
54. La Côte-Saint-André.   1883
55. Environs de la Côte-Saint-André.   1883
56. Environs de Grenoble.   1883
57. Le Pont Lesdiguières près Grenoble (Musée du Louvre,
      collection Camondo).   1883
58. La Côte-Saint-André.   1884
59. Le ruisseau gelé a la Côte-Saint-André.   1885
60. Cimetière de Balbins.   1888

EAUX-FORTES

1. Titre du cahier de six eaux-fortes.
2. Le canal.
3. Les maisons au bord du canal.
4. La nourrice.
5. Le chemin de halage.
6. La barque amarrée.
7. Les deux barques a voiles.

8. Vue de la ville de Maasluis.

9. Le vieux port de Rotterdam.

10. Entrée du port de Honfleur.

11. Sortie du port de Honfleur.

12. Jetée en bois dans le port de Honfleur.

13. Vue du port au chemin de fer a Honfleur.

14. Moulins en Hollande.

15. Soleil couchant, port d'Anvers.

16. Batavia.

17. La Meuse a Dordrecht (dessin et eau-forte. Cliché de M. Le Garrec).

18. Le pont sur le canal.

19. Démolitions de la rue des Francs-Bourgeois-Saint-Marcel.

20. Canal de Hollande près de Rotterdam, hiver.

21. Sortie de la Maison Cochin.

Les reproductions d'aquarelles, dessins et eaux-fortes ont été obtenues d'après les originaux des collections Paul Signac, Lucien Mainssieux, Joseph Laforge (Galerie Saint-Louis) à Grenoble, George Besson, Docteur Palazzoli, Le Garrec, Lhoste, etc., ou d'après les photographies de la Librairie de France, MM. Bernheim Jeune, Giraudon (nº 50), Braun & Cie (nos 18, 22, 23, 27, 28, 48, 57) et Joseph Laforge (Galerie Saint-Louis) à Grenoble.

CE RECUEIL DE CENT-VINGT-NEUF REPRODUC-
TIONS EN SIMILIGRAVURE DE MM. DEMICHEL,
PLOQUIN ET Cie, A PARIS, EST SORTI DES PRESSES
DE LA SOCIÉTÉ ANONYME DE L'IMPRIMERIE A. REY,
A LYON, POUR LES ÉDITIONS G. CRÈS ET Cie,
RUE HAUTEFEUILLE, 21, PARIS. « COLLECTION
DES CAHIERS D'AUJOURD'HUI », DIRECTEUR :
GEORGE BESSON

Copyright 1927, by Les Éditions G. Crès et Cie.

R. C. Seine : 100.412.

www.ingramcontent.com/pod-product-compliance
Lightning Source LLC
LaVergne TN
LVHW021137050726
842519LV00002B/411